珍藏本·增订本

纪念版

汉译世界学术名著丛书

宪法与实在宪法

〔德〕鲁道夫·斯门德 著

曾韬 译

SINCE 1897
商務印書館
The Commercial Press

Rudolf Smend

VERFASSUNG UND VERFASSUNGSRECHT

Reprinted by Duncker & Humblot GmbH, Berlin 2014

本书据敦克和洪堡出版社 1928 年版译出

汉译世界学术名著丛书
（120 年纪念版・珍藏本）
增订本出版说明

2017 年 10 月，为纪念商务印书馆创立 120 周年，本馆推出“汉译世界学术名著丛书”（120 年纪念版・珍藏本），计七百种。近五六年来，仰赖学界同人倾力支持，订正旧译，增补新译，拓展新著，积累日多。为满足读者需要，本馆在七百种的基础上，继续推出“汉译世界学术名著丛书”（120 年纪念版・珍藏本・增订本）三百种。至此，“汉译世界学术名著丛书”累计出版已达千种。

今后，本馆将继续推进丛书的翻译出版工作，在积累单本名著的基础上陆续分辑刊行，汇印出版。为促进中外文明互鉴、推动我国学术发展，使“汉译世界学术名著丛书”这项对我国学术文化有基本建设意义的重大工程发挥更大作用，诚望海内外学术界、翻译界继续给予支持，帮助我们把这套丛书出得更好。

商务印书馆编辑部

2024 年 2 月

汉译世界学术名著丛书
（120年纪念版·珍藏本）
出 版 说 明

2017年2月11日，商务印书馆迎来120岁的生日。120年前，商务印书馆前贤怀揣文化救国的理想，抱持“昌明教育，开启民智”的使命，立足本土，放眼寰宇，以出版为津梁，沟通中西，为中国、为世界提供最富智慧的思想文化成果。无论世事白云苍狗，潮流左右激荡，甚至战火硝烟弥漫，始终践行学术报国之志，无改初心。

迻译世界各国学术名著，即其一端。早在20世纪初年便出版《原富》《天演论》等影响至今的代表性著作，1950年代后更致力于外国哲学和社会科学经典的译介，及至1980年代，辑为“汉译世界学术名著丛书”，汇涓为流，蔚为大观。丛书自1981年开始出版，历时三十余年，迄今已推出七百种，是我国现代出版史上规模最大、最为重要的学术翻译工程。

丛书所选之书，立场观点不囿于一派，学科领域不限于一门，皆为文明开启以来，各时代、各国家、各民族的思想与文化精粹，代表着人类已经到达过的精神境界。丛书系统译介世界学术经典，引领时代思想，为本土原创学术的发展提供丰富的文化滋养，为推动中国现代学术和现代化进程做出了突出的贡献。

为纪念商务印书馆成立 120 周年，我们整体推出“汉译世界学术名著丛书”120 年纪念版的珍藏本，寄望既利于文化积累，又便于研读查考，同时向长期支持丛书出版的译者、编者和读者致以敬意。

两甲子后的今天，商务印书馆又站在了一个新的历史时间节点上。我们不仅要铭记先辈的身影和足迹，更须让我们的步伐充满新的时代精神。这是商务人代代相传的事业，更是与国家和民族的命运始终紧密相连的事业。我们责无旁贷，必须做好我们这代人的传承与创造，让我们的努力和成果不仅凝聚成民族文化的记忆，还能成为后来人可以接续的事业。唯此，才能不负前贤，无愧来者。

商务印书馆编辑部

2017 年 10 月

目　录

第三部分　实在国家法

前　言

书名不足以点明本书的内容和要旨。 VII

本书的要点不在于各部细节：零碎的国家理论、宪法理论，或者以这些研究为基础的实在德国国家法上的若干结论。其真正核心要旨是上述各种研究领域和研究方法之间的必要联系：不在一般国家理论和宪法理论层面从事有意识和方法清晰的奠基性工作，就不会有令人信服和成效卓著的国家法学说；不使用自身的、非法学的、其他精神学科（Geisteswissenschaft）运用已久且在认识论上得到细致论证的精神科学的方法，就不会有令人信服和成效卓著的国家理论和宪法理论。

因此，有先导作用的国家理论层面的论述首先会尝试奠定认识论基础。为此开辟自己的哲学路径，显非必要之举。我只需在当下精神科学的各种哲学基础中选取在实践中最富成效且最为有用的，论述其在国家学的特殊需求方面的作用。其他国家理论和法学理论的方法论上的基础学说，例如有社会学属性的和有目的论属性的，我仅捎带提及。我将有意识地限制我的研究，仅围绕在我看来具有根本性意义的特奥多尔·李特（Theodor Litt）的理论，展示如何将此种精神科学的一般理论基础富有成效地应用于国家理论。为此目的，我不惧背负学究气之名，尽可能地在李特的相关论述中为我自己的观点寻求依据，以便他人能够细致地复查我的方法论根基。显而易见的是，本书无力证明其他精神学科大体上也是如此开展研究 VIII

活动的，此种方法在这些学科中的巨大功用往往未得到人们的注意。

既然国家理论基础的具体内容并非目的之本身，这一部分的论述也就仅局限于对整体具有关键意义的地方。这一部分的论述既无意于阐述也无意于取代整个国家理论。本书所提出的整合的意义原则——统一性的结合（einigenden Zusammenschluss）——不是国家本身的，而是国家的宪法的。

第二部分中的宪法理论论述以精神科学和国家理论为基础，而非以法学理论为基础，我无须为此给出进一步的理由。毫无疑问，本书的宪法理论从未被认为是完整的。

最终，我在第三部分就第一部分和第二部分之结论运用于实在德国国家法的各种可能性所作的论述仅仅基于偶然的选择，这里的论述只是对有效运用的例子所作的扼要介绍。

所有就具体问题所作的分析不是目的本身，而是为了证明本研究的总体主张和国家理论、宪法理论与国家法理论之间密不可分的联系，它们仅仅是三者相互支撑、相互验证和相互纠正关系的例子。从多个方面来看，本研究在总体上只能算是一个梗概、一套作业程序。基于所有精神科学的性质，这套作业程序的正确性只能在应用中获得全面和最终的验证。对于其一般性的论证是如此，对于其国家理论的概念和观念的说服力是如此，对于其在实在国家法研究中的有益性和不可或缺性也是如此。

若干困难延误了本书的出版，也在实质和形式上对其均衡性有不利影响。

鲁道夫·斯门德

柏林尼古拉斯湖，1928 年新年

第一部分

国家理论基础

第一章　国家学危机

长久以来，德国国家理论和国家法学中弥漫着危机和变迁的 1
征兆。显而易见，这个状况在国家法学中并不像在严格意义上的国家理论中那般明显。法律人的作业技术既未被思潮的骤变摧毁，也未为政治变革所搅扰。旧派与新潮的拥护者在这个领域中仍然具有广泛的共识，危机只表现为其深远影响尚未被人们意识到的方向之争（Richtungsgegensatz）。[①] 相反，在国家理论的领域中，人们之所见所闻一如当前的政治局势，到处都是土崩瓦解和皇冠坠地的局面。出于认识论上的怀疑主义，耶里内克（Georg Jellinek）的完全可以算得上二十多年来一般国家学的代表性论述否定了一系列重大国家理论的（问题的或者思考素材的）意义或者重要性，这无异于国家理论的逊位。[②] 观念史的梳理是此书唯一有价值的地方，而那些观念却在方法论的层面被其宣告死亡。这样的做法可谓当下学界之流俗。凯尔森（Hans Kelsen）新出的同类作品甚至否定了在上一代人眼中这一人类错误历史不言而喻的价

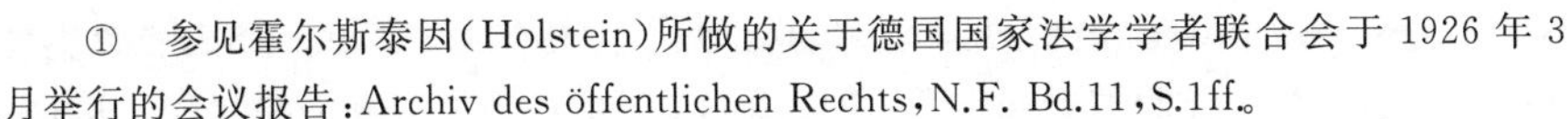

① 参见霍尔斯泰因（Holstein）所做的关于德国国家法学学者联合会于 1926 年 3 月举行的会议报告：Archiv des öffentlichen Rechts，N.F. Bd.11，S.1ff.。

② 耶里内克自身对“类型”（Typen）的研究（Staatslehre I^{3} 34ff.）既无严谨的方法论依据，也无实际益处。

2 值，这与耶里内克的国家学一脉相承。

当下情况的独特之处在于，德语区国家理论和国家法学声势最浩大、最具影响力的学派之首要原则是禁止将国家作为现实的一部分而加以审视。这个情况不仅是国家理论的危机，也是国家法的危机。从长远来看，缺乏充分的国家认知，也就不会存在有益的国家法理论。同样，从长远来看，后者之缺乏必然造成健康国家生活本身之缺乏。

国家理论的危机非战争和巨变所致。它是精神史或者说学术史事件。人们将其归因于新康德主义，或是在更为一般的层面上将其归因于一种科学观念的样式，而新康德主义是其代表之一。[①]这些看法完全正确。面对实证主义之时，凯尔森将早已为新康德主义自身所摒弃的新康德主义的斗争口号作为其自身的方法论基础，[②]这绝非偶然。

仅在国家和国家法的科学认知和理论中寻找这一现象的前提

---

① E. Kaufmann，Kritik der neukantischen Rechtsphilosophie，1921.尽管这部作品存在不可避免的偏颇，但依然是对这一关联最令人印象深刻的论述。

② 例如因果科学和规范科学之间非此即彼的关系，这在历史上只能被看作面对理论上的自然主义和机械主义拯救价值世界的绝望挣扎(E.R. Jaensch，Über den Aufbau der Wahrnehmungswelt，1923，S.411 f.)。赫尔曼·黑勒(Souveränität S.78)批评维也纳学派忽视了当下思想的发展水平，这是完全正确的。见 Ferner Hold-Ferneck，Der Staat als Übermensch，S.19；H. Oppenheimer，Logik der soziolosichen Begriffsbildung，S.33。

条件和作用，恐有挂一漏万之虞。

在当下德国真正活跃着的国家理论的代表人物身上，例如马克斯·韦伯（Max Weber）或者梅尼克（Friedrich Meinecke）（他们实际上是国家理论的圈外人），此危机的学科外部前提条件体现得 3
最为明显。国家或是被理解为一种“运营”（Betrieb），其内在的目的属性依凭国家手段使个人非自愿地汇聚其中，且被强制性地课以无法摆脱的道德责任；国家或是被理解为一种自然力量和命运，以及必将导致权力和道义不可调和之矛盾的“国家至上”（Staatsräson）的生活理念。在这两种理论之中，国家都是自我封闭、遵循自身规律的命运力量，个人在其面前要么是客体，要么是牺牲品。这些理论流露出的不可知主义是由实践观念层面的德意志式彻底拒斥国家观念（Staatsfremdheit）所造成的。从彻底的心无国家（innere Unbeteiligung am Staat）态度来看，这些思维方式是自由主义的。由此种认识论上的根本错误所致的缺陷在方方面面造成的不良影响，很快会在后文得到展现。

国家理论的不良影响与之密切相关，尤其是在政治伦理之中。理论作品均摆出一副尸位素餐的架势，而不是服务于德国迫切需要的明定国是和取信于民，这是此领域的致命性困境，这在特勒尔奇（Troeltsch）、马克斯·韦伯和梅尼克作品中均有所体现。这个困境也导致和强化了我们在实践中的狐疑心态。除了此种大行其道的毫无掩饰的伦理怀疑主义，理论上的不可知主义和人们内心深处的拒斥国家观念对此均负有不可推卸的责任。

此种理论和实践上的拒斥国家观念也——往往在同一个人的身上——造就了德国人的两种根本政治缺陷：政治低能的（unpolitsch）

逃避国家态度和同样是政治低能的权力膜拜。它们是一个事物的两个侧面，是个人面对国家之时内心深处游移于低估国家和高估国家之间的不确定性的体现。非但不能克服这个问题，反而使之
4 更为加剧，是国家理论危机在非专业国家理论作品中的外在表现，而危机的原因在各个地方都是一样的。

*　*　*

为了克服眼下这种状况，人们已经在很多方面进行了有益的尝试。下面的论述也是此种尝试之一。下文仅讨论国家理论的一个个别问题。尽管是个别问题，但这一问题却是对于法律人而言最为重要的、最能体现国家理论的前置性作品对所有国家法学研究的决定性作用的问题。尽管研究被限制在一个极小的范围内，但鉴于当下这一课题的状况，下文在方法论和国家理论的基础性探讨方面会不可避免地显得有些比例失调。

第二章　方法论基础

帝国建立以来，德意志国家理论史有一个引人注目和公认的独特之处：各个学者在认识论和方法论层面花费的巨大心血往往与其经得住时间考验的实质结论严重不成比例。尽管，或者说恰恰是因为其在方法论上的朴素性，[1]基尔克（Gierke）的非批判性（unkritisch）或者说前批判性（vorkritisch）研究方式对于重大问题的解决具有不可磨灭的贡献。与之相对，耶里内克-凯尔森路线是一种持续性大规模批判的研究方式，但也同时表现为持续发生的实质结论的流失，直至凯尔森发表于1925年的《一般国家学》完全有意识地使其彻底归零。

自凯尔森浩大的批判性著作问世以来，那种不彻底阐明其方法论前提的研究作品在学界已无立锥之地，这是此种路线对于实质的研究工作而言唯一依然有意义的地方。

除此之外，此种路线是一个缺乏目的和目标的死胡同。基于方法论立场中的事不关已态度，这一路线摧毁了既往的思想和研究方式仍然富有成效的地方。它良莠不分地对一般国家学进行了 5
彻底的清理，但却拿不出丁点可以起到替代作用的东西。在其本

① 尽管有人将其界定为隐秘的批判主义者，见 Gurwitsch，Logos Ⅺ 86 ff.。

身的领域，也就是说在一般国家法的领域中，它没有带来丝毫的进步。如果不彻底放弃自身的立场，人们永远不能指望它带来任何进步。朴素的形式主义（der naiver Formalismus）之所以有一定的贡献，恰恰因为它不是纯粹的形式主义。在这一点上，没有人比凯尔森揭示得更为清楚了。这样的贡献是纯粹的形式主义永远无法做到的，因为它是纯粹的。

法学的形式主义实际上需要对其实质——如果不愿意采用"社会学上"或者"目的论"①这些表述的话——内容进行方法论上的探究，这是其所研究的规范的前提和对象。故而国家法学说特别需要一种实质的国家理论。除此之外，此种理论也有其存在的自身依据：它是关于在人文-文化领域有独立地位的国家生活的精神学科（Geisteswissenschaft）。

人们在这个方向上已经达成共识，至少是在一般性意义上。来自维也纳的人当然不在此列。就此种国家理论达成方法论基础上的共识，也是计日可期的。下面的论述旨在尝试进行此种方法论的奠基工作。当然，这种尝试只是勾勒性和暂时性的。

此种尝试的认识论上和文化哲学的前提在此仅需略微交代。本书所进行的研究工作无须为此种前提承担论证责任。本书的研究只在自身的专业领域主张自身的正当性：通过扎实的证据展示其对于国家理论和国家法解释的有益性。

① Wie Heller, Archiv f. Sozialwissenschaft u. Sozialpolitik, 55, 310.

*　　*　　*

在那些其自身陷入的不可化解的矛盾中，当下实质国家理论的失效之处显现得最为清晰。个体与共同体之间、个体与国家之间、个人主义和集体主义、人格主义和超人格主义之间的问题处处都表现为难以克服的困难。[①] 一般而言，人们并不讳言这些问题。6
然而，它们或是被理解为价值评断问题，进而偏向个人主义或者集体主义做出价值判断；或者，它们被更为时髦地理解为“**无法化解的紧张关系**”，人们通常进而基于相对主义的立场在双方之间做出决断。然而，这些问题本质上并非价值问题，而是结构问题(Strukturproblem)。

所有精神科学都会出现此种结构问题，只要自我(Ich)与社会环境被看作彼此截然对立的实体，这些问题在哪里都无法得到解决。基于其不自觉的机械主义空间化思维的偏好，对于朴素的思维而言，此种对立和孤立地看待这两个领域的做法是再自然而然不过的了。此外，对于接受过法学教育因而熟知自然人与法人各自封闭，故而相互对立的权利领域的社会理论家而言，这更为理所当然。

此种思维方式在任何精神科学之中都是行不通的。

精神科学的“自我”的现象学结构(die phänomenologische

① 黑勒极为正确地指出(Die Souveränität)，个性与规范之间的问题处于另外一个层面。

Struktur des Ich）不是精神生活可予客体化进而与精神生活处于因果关联的因素。对于精神生活而言，它不可被想象为独立的以及时间序列中因果性的。相反，它只能被想象为精神性地生活着、表达着、理解着，参与精神生活的。这就是说，在某种最宽泛的意义上，作为共同体的成员，意向性地与他者关联着的。其本性的满足（Wesenserfüllung）和本性的塑造（Wesensgestaltung）仅于精神生活中开展，而精神生活就其结构而言是社会性的。[①]

更不可能存在自在自为的“集体性的自我”（Kollektives Ich）。集体性只是个体的意义体验之整体（das Einheitsgefüge der Sinnerlebnisse der Individuen）。然而，集体性并非个体之产物，而是其必然的性质：本性的发展（Wesensentwicklung）和意义的塑造（Sinngestaltung）必然是“**社会性地咬合着的**”（sozial verschränkt），从本质上看是个体生活与超个体生活的融合。[②]

7 心理学可以将个体孤立化和客体化，但它同时放弃了对精神生活本身的认识。[③] 关于某一文化领域的客观意义整体的学科能够将其对象当作一个客观的体系对待，且仅研究其本身内在的意涵。[④] 生活、生活的过程以及文化之现实都未被上述二者所捕获。对于生活而言，以前面略作介绍的现象学结构为前提的认识方法

---

① Vgl. hierzu Th. Litt, Individuum und Gemeinschaft, 2. Aufl., 1924, S.54 ff., 85, 3. Aufl. 1926, S.46 ff., 142 ff., 174 ff., 187 ff., und passim.

② Litt^{3} passim, bes.246 ff., 258 ff., 292 ff., 360 ff.

③ Litt passim, z.B.371 ff., 376 f. 凯尔森认为（Kelsen, Staatsbegriff S.15），从心理学封闭单子中是找不到通往社会的道路的。他在这一点上是正确的。

④ Litt^{3} 312 ff., 373 ff.

才是合宜的。这样的认识方法与那种客体化个体心灵和意义体系的认识方式截然对立。

因此，所有关乎精神生活的学科都不得将其最为重要的对象——个体、共同体、客观意义关联——当作相互孤立的要素、因素、精神生活的主体或者对象，然后再确定其相互间的关系。它们只能被看作辩证的关联秩序的要素，人们最多（如在所举出的例子中那样）能够逐一确定其各个构成部分之间的极点式对应关系。① 这一点呈现了所有精神科学的先验性（Apriori）。更为确切地说，这是一种并非超验性（transzendental）的先验性，是一种认识对象的内在结构的先验性，一种通过现象学抽象（phänomenologische Absraktion）得来的、应当作为研究前提的先验性。②

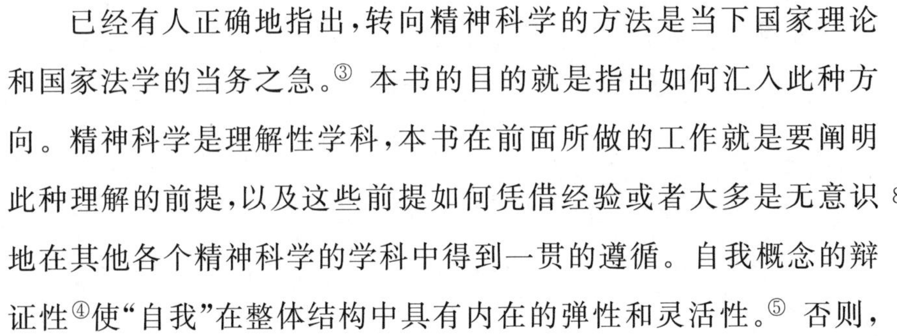

已经有人正确地指出，转向精神科学的方法是当下国家理论和国家法学的当务之急。③ 本书的目的就是指出如何汇入此种方向。精神科学是理解性学科，本书在前面所做的工作就是要阐明此种理解的前提，以及这些前提如何凭借经验或者大多是无意识 8
地在其他各个精神科学的学科中得到一贯的遵循。自我概念的辩证性④使“自我”在整体结构中具有内在的弹性和灵活性。⑤ 否则，

---

① Vgl. Litt[3] 10 ff.

② Vgl. Litt[3] 25 ff. Vgl. Marck，Substanz-und Funktionsbegriff in der Rechtsphilosophie，1925，S.96 ff. 其国家理论的论纲并不正确，见 S.148 ff.。

③ Holstein a. a. O. S.31.

④ 关于这一点，见 Marck a. a. O. S.89 ff.。

⑤ 李特就持有此种正确观点，见 Litt[1] 210。

个体无以融入社会现实结构中，人们进而不可避免地会将“自我”绝对化或者客体性地孤立化。集体概念的辩证性能够有效对抗抽离自我的精神世界的客体化和实体化，以及所有有机体式的社会理论。① 精神世界整体只有作为一个辩证性的整体才能够被理解，将其拆分为静止不变的点之间的关系或者交互作用曾是主流社会学蹩脚的尝试。②

因此，这里奠定的认识方法是与下列做法相对立的：主流社会学对精神和社会世界的实体化(Substanzialisierung)或者功能化(Funktionalisierung)理解、所有机械主义的空间化(mechanistisch-verräumlichend)思维、所有目的论的(teleologisch)解释方式。

① Litt[3] 222，281 ff.，285 ff.，290 f.，327 ff. 针对菲尔坎特(Vierkandt)的心理物理体的观点，可参见该书第 249 页，注释 2。

② a. a. O. 204 f.，227 ff.

第三章　作为真实意志结合体的国家

接下来的论述并非完整的国家学概要，只是宪法学的国家理论前提。

经久不息的三要素学说无法作为研究这一问题的出发点。人
们正确地指出[①]，这种观念形体性地(körperlich)将人、国土和权力
揉为一体。此种观点一般会具备这样的面貌：将某一国土上的人
作为出发点，且同时将其看作某种精神性统治力量的客体。作为 9
一个整体的国家则完全被想象为一个形体性形象(Gebilde)，或者
更为混沌地从而更令人恼火地将其想象成一个心理物理学的
(psychophysisch)形象，且无论如何国家都是其本身可被感知
的。[②] 诚然，三要素学说触及的问题毫无疑问都是国家理论的问
题，尤其是宪法的问题。[③] 然而，将其作为国家学的起点，必将自
始将人们引入空间化-静止性思维的歧路。

孤立的个人也不能作为国家学的起点。将国家想象为一种从个体身上导出的因果序列，或者目的论式地将国家想象为被个人

① Kelsen, Allgemeine Staatslehre, S.96.

② Vierkandt, Gesellschaftslehre, S.40; dazu Litt S.249, Anm.2.

③ 其含义与作为法律问题并不相同(Kelsen, a. a. O.)。

设定了特定的目的并由个人发动起来的东西，这都是行不通的。

群体生活无法因果性地从个人生活中导出。人们或许依旧能够在最宽泛的意义上解释个体精神在社会生活方面的禀赋；[①]然而，从此种个体禀赋出发，人们推导不出超个体的社会形式，推导不出国家。首先，社会形式或者国家需要一种特殊的概念建构，其在个人禀赋中是无法得到解释的。[②] 此外，个体之所以是社会性的个体，乃是因为参与了群体生活，并非基于其天然禀赋。因此，人们只能从社会的角度思考个体。与之同时，社会不能被想象成结构化超个人实体（strukturierte Substanz des Überindividuellen），只能被认为是为个体所承载、仅生存于各个个体之中的。这是个体与共同体的两极性（Polarität）观念的要求，这个观念体现了"社会咬合"（soziale Verschränkung）的本质。[③]

既然社会不能被理解为从个体到整体的因果序列（相反，探究从整体到个体的因果序列，只会使得问题复杂化），那么将其理解
10 为一种目的论序列的做法——将其理解为源于个体的、有规划的或者无意识的目的实现的做法——也随之变得不可能。由此，那种最常见的思考国家之方法的合理性会大打折扣，也即通过目的或文化事功（Kulturleistungen）解释国家或者为其提供正当性依据的做法，或者至少是将目的或文化事功作为思考的起点。研究

① 正如施普朗格在其《生活形式》一书中对社会人和权力人所作的著名分类（Spranger, Lebensformen, 5. A., 103 ff., 212 ff.），以及菲尔坎特社会学著作中关于人之社会禀赋的章节（Vierkandt, Gesellschaftslehre, S.58 ff.）。

② 施普朗格的观点（Spranger a. a. O. S.280, 443）与菲尔坎特的观点是相对立的。

③ Litt 246 ff.

社会特别是政治和国家时，从那些对于社会和国家而言外在的意义领域中寻找社会和国家本身的根本性解释，这是不正确的。总体而言，相对于实质意义领域，关于文化生活的研究倾向于认为，最宽泛意义上的社会就结构而言属于形式，就等级而言属于辅助价值。[①] 如此一来，人们就放弃了对“社会”本身规律的认识，而这一点恰恰是极为重要的。凭借其目的性思维，理性主义一方面解释了所有的精神科学，同时也在另一方面摧毁了它们。若没有有意识地克服此种目的论思维，人们完全无法想象还会存在语言、宗教、文化等学科。与上述学科中的景象有所不同的是，目的论思维依旧是法学和国家理论在尚未完全克服的个人主义思维之外的另一个错误源头。个人主义思维将个人设想为孤立而相邻的，然后凭借空间化思维的形式，用法律关系将其连结起来，用一个国家人格笼罩其上，又使所有这些与法律之外的或者国家之外的目的建立关联。以法律或者国家之外的目的作为理解的准则，会阻碍各个学科对其首要研究对象自身规律性的研究。仅将国家视为文化的一种技术，在钻研此种技术的同时忽略追问国家自身的结构规律这一首要和最为重要的问题，对于自由主义的拒斥国家态度(Staatsfremdheit)而言是再自然而然不过的了。

尽管机械主义思维习惯极为顽固，但我们还是能够看到这一
点：不存在社会和精神生活的力量传导线路的实体性起点。[②] 个 11

① Vgl. Statt Vieler Spranger S.66 f.,193,213,294,Scheler,Der Formalismus in der Ethik und die materiale Wertethik,S.108;S.Marck,S.153 f.

② 正如菲尔坎特直截了当地主张的那样，见 Vierkandt S.40。

体不可能是此种实体性起点，因为只有受到了精神共同体方面的激发作用(Anregung)，个体才具备参与精神和社会生活的能力。因此，精神共同体不可能是从个体中推导而来的。[①] 整体也不可能是此种实体性基点。如果事实上不是仅仅为了呈现可予客体化的体系性意涵，而是为了理解精神生活的现实，无视整体是由个体变动不居的意义体验构成之整体的这一属性而将整体界定为一种实体的话，那么则意味着将精神性和社会性的创造性归因于集体整体，以及将个体局限于被动接受者的角色。这样的做法违背所有精神科学的先验前提。[②]

对于精神性、社会性现实的结构而言，将其呈现为一种交互关系的体系[③]是较为贴切的方法，正如施莱格尔(Schlegel)采纳李特的“循环的”(zyklisch)[④]的表述而对其中的循环(Kreislauf)所作的观察。然而，就精神现实的诸项要素相互共处的辩证关系而言，任何呈现形式都具有误导性，不存在最合宜的呈现形式。因此，针对下文中对国家生活的结构所进行的公式化撮要，需要特别强调一点：下文中没有任何一个要素可以观念性地或者因果性地从其他要素中推导而出；相反，人们只能在整体中理解各个要素。因此，下文所要进行的仅仅是理解性的描述(verstehendes Beschreiben)，而非通常意义上的解释(Erklären)。

---

① Litt S.225, vgl. überhaupt 221 ff., 226 ff., 293, 334, 399 f.

② Litt S.247, 260 f., vgl. überhaupt S.246 ff., 258 ff., 274 ff., 279 ff., 285 ff., 292 ff., insbersondere für den Staat S.172 der 1. Auflage.

③ 德国社会学的主要流派就是这么做的。基于业已阐明的理由，本书实质上反对此种做法。

④ Litt S.19.

*　*　*

只有怀有此种审慎的保留，人们才可将个人在国家方面的天
然禀赋作为观察国家生活的起点。这是一种极为复杂的动力之 12
源，①其在政治权力欲中表现得最为清晰。马克斯·韦伯极为精
当地将强盛的民族看作一个身强体壮者肉身的延伸，且将对前者
的认同等同于自我认同。②

然而，从此种动力之源中解释性地推导出国家是不可能的。就一方面而言，国家必须拥有一系列难以尽数的自然条件；③从另外一方面来看，在某一生活领域中活动的背后，起作用的并非仅仅某一个别因素，发挥作用的事实上是整个人格。④ 更为重要的地方在于，与其他精神生活一样，政治生活也涉及理念的-非时间的意义关联（die ideell-zeitlosen Sinnzusamenhänge），故而理解政治生活必须使用一种全面的视野，一方面要依循生活的规律，另一方面要依循意义的规律。⑤ 对于个人而言，国家意味着一种精神作

---

① Vgl. die oben S. 9, Anm. 3 angezogene und die sonstige Literatur, z. B, Aloys Fischer, Psychologie der Gesellschaft (Handbuch der vergleichenden Psychologie, Ⅱ, 4).

② Mariane Weber, Max Weber (1926) S.133.

③ Vgl. statt Vieler Spranger, S.222.

④ 对此关联所作的最佳论述，见 Litt S.364；特别是针对国家的论述有：S.169 der 1 Aufl.。

⑤ Ein Beispiel bei Litt[3] S.294, das Problem im ganzen S.312 ff., die Zweiseitigkeit der Betrachtung S.373 ff., 324 f., 352, auch Spranger S.413 f., H. Oppenheimer, Logik der soziologischen Begriffsbildung, S.33.

为的可能性，故而也是人格自我发展的可能性[①]——这一点恰恰是政治伦理最为重要但往往为既往论述所忽略的基点；对于国家理论而言，这一点虽非基点，但也是一个贯穿其研究对象始终的要素。后文还将就此进行进一步的论述。

*　*　*

根据之前的论述，国家的现实性只是作为前文意义上的精神现实之局部领域的现实性。后文将以此种现实性为基础，阐述国
13 家宪法的概念和对象。对于此种现实性，我们需要打消人们对其抱有的怀疑态度，以及对其结构进行进一步的论述。

国家不是一种“社会现实”(soziale Realität)，这是凯尔森国家理论基本的否定性观点。[②] 如果这种观点针对的是惯常的法学思维的机械的和空间化的前提，或者针对的是齐美尔-菲尔坎特-冯·维泽施(Simmel-Vierkandt-v. Wiesesch)式的社会学，乃至针对各式各样的实体化有机体论，其正确性是毋庸置疑的。如果其以一种长久以来已被摒弃的认识论为基础，[③]否定认识精神现实的任何可能性，那么其所蕴含的精神科学虚无主义属于在其他学科学术史中业已完结的篇章。针对此种观点，本书只需批驳其所提出的那些从我们自身的立场来看也应予重视的质疑。

---

① Vgl. im allgemeine Litt S.142 f.,212,174 ff.,187 ff.,177 f.

② Zusammenfassend in:Der soziologische und der juristische Staatsbegriff,1922, S.4 ff.,Allgemeine Staatslehre,S.7 ff.

③ Vgl. die Andeutung oben S.2,Anm.

只有一种人的群体可以被称为“封闭的群体”“封闭的圈子”，[1]在其中，所有人与他人都处于一种建构本质的关联之中。[2] 一个超越个人的人格是不存在的，因为整体只是个人在总体体验上的份额的“统一性构造”（das „Einheitsgefüge“ der Einzelanteile an dem Gesamterlebnis）。整体也不是作为实体性承担者的个体之间的关系或者交互作用，因为精神生活的本质恰恰在于其为不可被设想为固化实体的精神性原子式个体能够自我决定如何参与的生活。尽管被固定于符号、形式和律法中，统一性构造本身却始终处于流变中。其原因在于，只有不断应时而变的[3]乃至不断得到重新构建的统一性构造才是现实的。[4]

国家的“社会学现实”（soziologische Realität）在两个层面上为人所否认。有人质疑将国家看作具有一定程度持久性和固定性群体 14
的做法，认为这根本就是无稽之谈；也有人主张，基于法律而归属于国家的人员——其中包含儿童、疯子、浑浑噩噩者，以及所有根本就意识不到此种归属性的人——与实际上真正处于国家联合体的精神交互作用之中的人员并不重叠。这就是说，所有国家社会学的国家概念不是来源于事实观察的概念，而是纯粹的规范性概念建构的概念。[5]

在这些观点的环伺下，主流观点的正确性——也就是说社会学意义上的国家现实性及其与国家法对象的同一性——是后文研

① Litt S.234 ff.，zu dem Folgenden überall zu vergleichen.

② Litt S.239.

③ Spranger S.393.

④ So etwa Litt S.361 f.

⑤ Kelsen，Soziologischer und juristischer Staatsbegriff，S.8 f.

究的根本前提。下文将要对其正确性进行更为有效的证明，以及更加富有成效地将其推广到国家法学说中。因此，我们需要在此暂时略微阐明，其基于何种关键原因而较之规范逻辑主义的否定意见更富真理性。

在有意识的、活跃的国家公民身上，这个问题就已经存在。乍一看，由于人员数量乃至他人政治行动的不可尽览性以及政治共同体实质内容的不可尽览性，要求此种公民与其政治生活和命运共同体的所有成员处于持续的建构本质的关联中，可能自始就存在种种障碍。即便如此，本书一再声称的关联的确是存在的，最起码存在于理解国家现象的可能性这一层意义上。正如在理解个体人格的时候，从人格的一些代表性要素和表达中，人们就能够获得满足理解需求的总体形象，理解一个较大的群体亦复如是：而且此种情形中还存在特殊的辅助理解的技术，特别是那些关于政治性
15 共同体体验的内容和同胞们的政治意愿之潮流的报道。① 这些技术总是灵活地因应个体的理解需求，给与个人就其视野而言能够被理解的总体关联和由之产生的主动体验的机会。② 此外，还存在众多其他的“社会沟通”(soziale Vermittelung)途径，③其中一些在政治上最为重要的，后文将会进一步详细论述。在此，我们仅需

① 关于此种“体验关联的拓展”特别深入的论述有：Litt[1] 252 ff.,276 ff.。

② 这是以如下观念为基础的：每个他者都有自身的特殊的视野，这种视野使得共同的对象对其而言具有独特的个性，然而关联的统一性基于对象的统一性并不因此而消亡。关于通过视野的交叉使得关联的统一性富有活力，请参见李特著名的“视野的交互性”(Reziprozität der Perspektiven)学说：S.100 ff. und passim。

③ Litt S.265 ff.,274 ff. 在第一版之中，已针对国家有过简略论述，见 S.169-188，144 ff.,ferner Litt,Geschichte und Leben(1918)S.79 ff.,95 ff.,101 ff.。

指出对于所有精神生活具有根本性意义的两方面因素：一方面是人类理解能力的视野性局限；另一方面恰是此种受视野决定的理解所引致的无限多的理解途径。

在那些较为消极的成员身上，事实上的国家归属性问题与之没有什么显著区别。

对于以自然主义心理学为出发点、仅将个体视为即时刺激的受体和反应体的观点而言，否定浑浑噩噩的国家公民的国家归属性，[①]是完全正确的。然而，稍稍回想一下当代著名的关于现象学(Phänomenologie)和形而上学(Metaphysik)的著作，人们就会认识到，在当下的体验内容中，已经过去的也作为一种要素蕴含其中，而且其中还包含业已发端的未来。[②] 即便有些人沦为“**消极的大众**”(passiven Masse)乃至“**死气沉沉的大众**”(toten Masse)[③]，他们当中的任何一个，只要他曾经一度为国家生活关联所笼罩并对此有所理解，例如参与世界大战所导致的命运起伏跌宕，而且从 16
未直截了当地切断(例如放弃这个国家的国籍且离开这个国家)此种本质上非自主性的意志关联，那么他依旧是这一关联的成员。[④]

① Kelsen, Staatsbegriff, S.9.

② Um nicht Bergson zu nennen, vor allem J. Volkelt, Phänomenologie und Metaphysik der Zeit, auch Litt[3] S.80 ff., überhaupt 48 ff., 74 ff.

③ Wieser S.61.

④ Litt S.296. Unscharf Vierkandt S.31. 菲尔坎特极有价值的关于“旁观者”(相对于行动者而言)的学说在这一点上很有启发意义(a.a.O. S.392 ff.)。这个学说证明，在很多情形中，与那些表面上活跃的人相比，这些表面上看起来消极的人才是群体生活的真正载体。黑勒的观点极为恰切(Heller, Souveränität, S.85 ff., bes. S.87)，但其中也有过于保守之处(S.88, 62)。门策尔也持有此种观点(A. Menzel, Handbuch der Politik[3] Ⅰ 46, Anm.24)。弗勒贝尔也正确地指出：“所有人都希望有一个政府，但永远不会出现所有人都想要当下政府的情况。”(Fröbel, Politik, Ⅰ 152)。歌德关于个体非自愿地参与公共生活的论述，请参见：Roethe, Goethes Campagne in Frankreich 1792, S.4 f.。

此外，法律上的归属性也意味着一种牢固的事实层面的人的归属性，即便存在种种消极态度乃至对抗态度，其依旧是意识的对象。此种归属性会一直延续下去，毕竟人不是其当下意识构成的此时此刻的个体，而是其本质和体验之整体的原子式统一体，即便其浑浑噩噩，或者根本不会想到这一层。[①] 那些完全没有理智的人虽然因其自身不是精神生物而在作为精神性统一体的国家上没有份额，但基于对其所体现的碎片化人性的尊重，他们在事实上和法律上仍然受到仿佛其拥有份额般的对待。儿童自极早之时起就成长于无数的关系之中，在所有针对这些关系所进行的常规教育之外，国家归属性方面受到特殊的教育也会给儿童的成长造成影响，这种影响在大多数罹患精神疾病的人身上也并未完全消失。

国家作为其法律上归属者的联合体的事实性是毋庸置疑的。然而，此种事实性在很大程度上是成问题的，主流的国家观念对此并未充分察觉。其问题并不在于承认其现实性存在认识论上的障碍，而是在于其现实性是一种实践问题。此种现实性不是天然现实，人们只要容忍其存在即可，而是文化事功(Kulturerrungenschaft)，其与所有精神生活的现实(Realität)一样，都是变动不居的生活，因而均需要不断的
17 更新和续造。基于同样的原因，这种现实总是会面临存在危机。一如其他的群体，国家中的生活过程相当多的部分甚至根本性部分的意义在于此种不间断的自我更新，持续地赢得和团结其成员。对于那些并非由法律决定的群体建构而言，例如朋友关系和恋爱关系，这个问题是不言自明、显而易见的。相反，在那些由法律决

① Ähnlich Heller S.44 f.,86.

定的群体建构的情形中，那种本质上僵化的思维方式占据了主导地位。这种思维方式始终假定被持续性规范聚为一体之人始终具有群体归属性，并认为关于群体的理论应该研究和法律应该规制的生活仅是群体生活中那些在此假定的基础上展开的，以及以群体归属性为前提的部分。本书的使命恰恰在于指出，秉承此种思维方式的国家理论错失了自身首要研究对象，且正如其招致的指责所言[①]，是以纯粹的规范性法学的国家概念为基础的，并使之更为僵化、空间化和机械化。此种国家理论由此也省却了采用自身的精神科学的方法、独立自主地为自身奠定根基的任务。这个错误自然而然地也被传导至国家法学，国家法学也由此忽视了其最为重要的对象，且因为核心关切的缺失和由之造成的体系性的缺失而只关注宪法规制的次要对象。

① Kelsen，Staatsbegriff，S.9 Anm.毫无疑问，国家的现实性也同时始终是一种为法律所规制的现实性。然而，如果仅认为其寓于规范性之中、否认本书意义上的所有国家属员的真实关系，那么就有失偏狭了。黑勒在这个方面因追随凯尔森而犯了与之同样的错误，参见 Heller，Souveränität，S. 62。关于作为社会现实要素的被规范性(Normiertheit)可参见：z. B. E. Kaufmann，Kritik. S. 79，Hold-Ferneck，Staat als Übermannsch，S.27。完全独立于这个问题的是，是否必须从超验的-规范性的领域推导出核心的概念。这个问题原则上存在于所有精神科学中，且对于所有精神科学而言都是应该持肯定意见的。关于此种“规范性的优先性”，可参见 z.B. H. Oppenheimer a. a.O. S.83。此外，本书无须详细阐明为什么国家不是一种理念类型式的概念，而是一种超验的价值概念。相反的观点，可参见 z.B. bei Oppenheimer S.27，49 ff.。

第四章 整合:国家生活的根本过程

18 与国家学、国家法学密切关联的是作为精神现实之一部分的国家。作为现实的一个部分,精神性集体形态不是静止存在的实体,而是实项的(reell)精神生活和精神行动的意义整体(Sinneinheit)。其现实是功能性更新和再造的现实,进一步而言,是一种不间断的精神上的验证和续造的现实(就其价值而言,可能进步也可能退化)。只有在这一过程之中,只有基于这一过程,此种现实才是有现实性的,或者说无时无刻都不间断地一再重新成为现实。[①]

因此,国家绝不是一个静态的、从自身发出各种生活显像(Lebensäußerung)——法律、外交活动、判决、行政活动——的整体。相反,只有上述生活显像均为一个精神性总体关联(geistiger Gesamtzusamemenhang)的体现时,国家才存在于它们之中。此外,国家也存在于较之上述生活显像更为重要仅以这一关联为对象的更新和续造中。国家仅仅存活于和存在于这一不间断的更新中,被持续性地重新体验之中。用雷南(Renan)的话来说,国家的存活仰赖日复一日的公投(Plebiszit)。[②] 这是国家生活的核心过

① 参见前文第21页,注释3、4。

② 黑勒如今也抱有此见,参见 Heller,Souveränität,S.82。

程,如果人们同意的话,也可认为是其核心本体。我已经在其他地方建议将此种核心本体称为整合(Integration)。①

在现实性的领域之中,这一点就是国家性的核心,国家学、国 19
家法学均应以其为出发点。如果不这样做,那么就只剩下下列几

① Die politische Gewalt im Verfassungsstaat und das Problem der Staatsform, Festgabe der Berliner Juristischen Fakultät für Wilhelm Kahl,1923,Ⅲ 16. 这个术语并非像维特迈尔(Wittmayer,Zeitschrifft f. öffentl. Recht,Ⅲ 530,Anm.4)所谴责的那样成为了流行的术语,不过其在德国也不再是人所未闻的术语。可参见 Kelsen,Wesen und Wert der Demokratie(1920),S.28(= Arch. F. Soz. -Wiss. u. Soz.-Pol.47,75), Thoma, Handwörterbuch der Staatswissenschaften[4], Ⅶ 725, Chatterton-Hill, Individuum und Staat,S.18 und öfter,allenfalls auch v. Gottl-Ottlilienfeld,Wirtschaft als Leben,S.522。维特迈尔现今却把整合概念当作自身论述的核心概念,参见 Die Staatlichkeit des Reichs als logische und als nationale Integrationsform, Fischers Zeitschrift für Verwaltungsrecht(hrsg. v. Schelcher)57(1925)145 ff。整合在该文中被定义为所有一体化观念和一体化力量构成的整体。关于这个论文的主要内容,下文还会谈到。

在社会学之中,这个术语因斯宾塞而变得流行,但他是在另外一个意义上使用这个术语的。在他那里,国家完全被设想为机械的、静止的,而且被其称为政治组织(H. Spencer,Principles of sociology,p.Ⅴ,1882,§§ 440 ff. p.244 ff.)。基于援引(§451)《第一项原则》(§169,p.480 ff. der 3. Ausgabe von 1870)之中极为机械式的论述,政治整合(a.a.O. §448,p.265)被其定义为通过招纳和合并导致的机械式增长。以斯宾塞为起点,这个术语逐渐传布于英国和美国的社会学之中。

此后,经由精神科学的转向(geisteswissenschaftliche Wendung),这个术语获得了本书所采纳的用法,且这个用法日渐广泛流行。找到一个更为合适的术语固然值得希求,但极难办到。"组织"(Organisation)所指称的有时与整合所指称的是相同的(例如 O.v.d. Pfordten,Organisation,1917,bes. S.11.),就可用于本书所论述的关联而言,这个术语带有过多的机械主义(so in Plenge Organisationslehre)、自然主义和法学的意义。

毫无疑问,本书的观念与活力论者的特定概念有所交叉,例如与规制概念的交叉(vgl. vor allem Driesch, Die organischen Regulationen, S. 95: „Organisations und Adaptationsregulationen")。瓦尔特·费舍尔-罗斯托克(Walther Fischer-Rostock)令我注意到这一点。在术语汇编之中,这一点将不在处理之列。

种无法回避的选择：要么在特定固化的、不合理地实体化的社会学意义上的力量承担者身上（在个人身上或者在国家整体上，而此处所设想的国家整体极为含混不清，半是法律上的，半是空间性的①）配置一种国家社会学的机能，要么像凯尔森那样彻底否定这
20 一领域作为国家理论对象的资格，要么退缩至诡谲的不可知论。②

如果说所有精神生活一方面是个人的，同时在另一方面是共同体的自我塑造（Selbstgestaltung）的话，那么在共同体这一方面，此种塑造是其精神现实性基础的意义比在个体那里更为突出。在精神生活之外，个体同时保持着一种生物性存在。国家只是——因为且只要其不断地发挥整合作用——在个人之中和从个人之中

① 针对这里的个人主义进路，我所援引的全面性反驳意见由李特提出，针对与之相对的另外一种进路，我援引该书的第178页及后续内容（主要是针对斯宾格勒的静态国家概念，令人诧异的是，黑勒居然认可此种国家概念，参见 Heller, a.a.O. S.315, Anm.75）。

作为最广泛意义上的社会学科的最令人恼火的错误根源，静态思维值得人们对其进行凯尔森式的批判。其天然的、最直接的根源是朴素思维毫无反思的空间化趋势（典型的此种错误，请参见 Litt[3] passim, z.B. S.10 f., 42, 47, 58, 62 ff., 92, 175, 222 f., 228 f., 286 Anm.。法学文献中的此类错误，可参见 J. Goldschmidt, Der Prozeß als Rechtslage, 1926, S. 177, Anm. 966 中所列举的。此外也可参见 Hellwig, Zivilprozeßrecht, Ⅰ 255, E. v. Hippel, Untersuchungen zum Problem des fehlerhaften Staatsaktes, 1924, S.132, C. Schmitt, Jurist. Wochenschrift, 1926, 2271, links oben）。从观念史上来看，静态思维，特别是其个人主义趋向，主要源于自然科学以及与之密切相关的个人主义思维；静态思维较为次要的思想史渊源，特别是针对朴素的共同体本体论而言，是德国特殊的思想史上的条件（E. Kaufmann, Kritik der neukantischen Rechtsphilosophie, S.94）。

② 例如在梅尼克那里含糊不清的国家的“根本性理念”或者“真正的国家理性”概念，请参见 Meinecke, Die Idee der Staaträson（1924 u. ff.）, S.1 f.。与这里进行的批判有交叉的是：C. Schmitt, Archiv f. Sozialwiss. u. Sozialpolitik, 56, 226 ff.。

建构出来的。此种持续性的过程是国家作为精神性、社会性现实的本质属性。论证此种属性是国家理论的首要任务。在此之外,论证国家与其他文化领域的关系是国家理论第二位的任务。本书仅在扼要处理国家理论的首要任务所要求的程度上触及后者。

* * *

上文方法论方面的论述目的在于更为清楚地界定国家理论问题的对象,下文简要介绍一下处理此种问题将要面临的两种方法论上的困难。

第一种困难普遍存在于各种精神科学。所有人类群体生活的结构都包含两种源于不同世界的要素。[①] 一方面的要素是由社会 21
关系所决定的结构性联系中的实际个人生活,此种要素是真正的时间性-实际性的(zeitlich-real);另一方面的要素是在理念性-非时间性意义领域(Reich des ideell-zeitlosen Sinnes)中的参与份额。人们不应割裂这两种要素之间辩证性的同在关系(Zusammenordnung)。如果侧重个人实际生活联系,将其作为社会的真正实体,那么就会滑向社会学的形式主义或者活力论(Vitalismus),而这两者最终必然会落入有机体论的窠臼。如果侧重实质意涵(sachlicher Sinngehalt),那么随之而来的就是前文业已驳斥的[②]理性主义国家目的论。这两种要素之间的关系也不是

① Zum folgenden Litt S.312 ff.,bes.323 ff.,373 ff.

② 前文第 15 页及以下。

内容与形式的关系。① 任何精神交流都不可避免地涉及非时间性的意义领域,所有的精神交流同时也以非时间性的意义领域为自身的前提条件;从另一方面来看,意义(Sinn)和价值(Wert)只有在精神性共同体生活中才能成为意义的和价值的现实。即便如此,我们也应该在概念上明晰地区分两者。②

另外一个困难是由国家生活一方面作为精神价值规律(Wertgesetzlichkeit des Geistes)设定的使命之实现、另一方面作为实在国家法设定的使命之实现的双重属性造成的。对于国家理论上的观察而言,这两种要素之间也存在着不可分离的密切联系。国家法只是精神规律的可能性和使命的实在化(Positivierung),故而理解国家法必须以精神价值规律设定的使命为基础;反过来说,精神价值规律设定的使命必须获得法律上的实在化,以便其能够被持续性地和充分地完成。因此,国家理论必须以本质性基础为其研究重心,且在对待国家法秩序之时将其作为前者的结果;在另一方面,国家法的研究必须以这一层意义上的国家法秩序为其研究对象。为使国家法的研究满足自身的意义,必须尝试从前一种要素中推导出后者和理解后者。

* * *

22 如果说国家在超验层面(überempirisch)的属性是主权性意志

① Vgl. z.B. Litt[3] S.357.

② a. a.O. S.324 f.

结合体（souveräner Willensverband）和持续性地整合为现实，那么经验层面的观察任务则为指出实现此种整合的要素。

此种整合的要素一方面突出地表现为各种形式性过程，另一方面则是各类实质性内容（sachlicher Gehalt）。[①] 不可将这两种类型与前面提到的实际生活与理念性意义内容之间的对立相混淆，因为当下两种类型都是实际的（real），我们对其进行的分类是经验层面的。尽管凭借此种分类不足以彻底把握现实的各种个别现象，但其有助于凸显各类国家现实性的主要建构性因素各自的特性。我们可以将第一种类型中的过程进一步区分为依附于特定的（作为最为宽泛意义上的“领导”的）人的整合和与之迥异的功能性整合。在诸如使命等实际要素的方面，作为实质的、意义性的构建和限定共同体内容最为重要的类型将会得到综合呈现。

当然，在此之外也存在一些贯穿所有群体的结构类型。例如在国家生活方面，我们可以做出一次性整合作用的类型（一位特定的领袖、某一场运动、具有特定内容的某一特定命运）与具有持续性整合作用的类型之区分。属于后一种类型的可能是某些事实性要素存在的持续性（特定的地理要素、历史负担和条件等）或者规范性文件的持续性。另外一些类型主要是在历史中不断变化的精神结构的类型：例如孔德和斯宾塞意义上的三种阶段的类型，德国理论中的非理性和理性类型之分（主要是滕尼斯及受其启发者提出的），文化阶段的区分（提出者为狄尔泰及其学派，齐美尔），最为著名的当属魅力型、传统型和民族性统治类型的区分（马克斯· 23

① Früher angedeutet Kahl-Festschrift，Ⅲ 22 ff.

韦伯)①。此外,结构类型也包括各国国家整合的特殊类型,例如拉丁民族对感官性整合作用的偏好(视觉的、听觉的、戏剧的、论辩的、节奏的以及躯体的)。对比一下法国议会和英国议会,或者留心观察一下法西斯运动,人们就可以清楚地体会到个中差异。②应被整合的国民范围也能导致特定整合类型的产生,例如幅员辽阔的大众民主国这一新生的整合类型。

＊　＊　＊

到目前为止,尚无国家理论作品提出过这一问题,故而针对这一问题的研究尚付阙如。大体而言,领袖意识形态或者领袖社会学的思维方式极为机械主义,对于我们所要处理的问题没有任何参考价值。关于国家职能的学说并未研究国家的功能性整合,讨论的只是三类权力机关的权利问题。关于国家意义内容的学说因细琐的问题设定③而被分解为国家正当性学说和国家目的论,从而并未触及这些内容作为国家生活建构性因素的一面。

就此问题而言,描述性政治学文献为我们提供了更多的素材,只要其在实践方面意识到或者部分地意识到这个问题,例如关于盎格鲁-撒克逊国家的政治学文献。法西斯主义的文献为我们当

① 拉德布鲁赫的立法类型也是应予提及的例子(Einführung in die Rechtswissenschaft,5. und 6. Aufl.,S.36 ff.),斯坦因(L. Stein)所谓的权威类型以及他人的相关观点。

② Angedeutet Kahl-Festschrift,Ⅲ 23.

③ Etwa bei G. Jellinek,Staatslehre³,Ⅰ 184 ff.,230 ff.

下处理的问题提供了又一范例。尽管没有推出独创的国家学的意愿,国家转变、国家创设以及国家生活的途径和可能性等却均为其极为关切的对象,这些恰恰都是在本书中被称为整合的事物。① 24
如果以本书的视角观察,那么我们将会获得极有价值的成果。无论法西斯运动的价值和未来如何,此种成果本身的价值是不受其影响的。

总体而言,此种有计划、有步骤地创建新的人民和国家共同体运动的推动者意识到的问题,尚未得到人们的关注。国家理论和国家法学对此缄默不语,这并不令人感到意外。理性主义科学仅将能够意识到的和自然主义思维可触及的东西纳入视野,而非理性主义的学科又摆脱不了有机体理论的不可知论。人们均觉察到,像魏玛共和国那样的耽于理论的宪法制定者往往会忽视宪法的此种首要问题;相反,正如还将进一步介绍的那样,"俾斯麦宪法"虽说不是一个十全十美的宪法,但绝对是一个具有整合能力的宪法范例。

本书将要论述的既是个人的同时也是整体的精神生活过程,贯穿于各种事务。这些过程并不能意识到自身的意义。因此,我们不能通过将其回溯至某一种因果性规律对其加以解释,只能在其所在的意义关联中,将其理解为精神价值规律性的实现。② 成长中的精神并不知晓推动其发展之因素的意义;基于理性的狡计

① 法西斯社团主义明确标榜自己是"整合的"(integral),也就是说具有整合能力的,而非像在过去的一些情形中这个术语的意思为"完全"(vollständig),也就是说意味着"激进"(radikal)。参见 z.B. L. Bernhard, Das System Mussolini, S.93 f., 97 ff.。

② Spranger, Lebensformen[5], 432 ff., 413 f., Psychologie des Jugendalters[4], 3 ff.

(List der Vernunft)，成熟的精神并无必要知晓其活动触及何种文化关联。[①] 尽管如此，这些过程在其所在的客观精神关联中——而非在其意识中——能够为人所理解。精神的最高阶段则为：精神
25 神通过认识自身的规律性(这是一种规范和价值的规律)而回归自己本身。

*　　*　　*

下文关于三种整合类型的概要介绍只是一个初次尝试。采用作为其基础的三分法，完全基于实践上的理由。

针对各个类型进行的现象介绍并不能穷尽所有相应素材，它们只是被当作例子使用。

这些例子没有任何一个能够纯粹到这种地步，以至于只能被归入一个类型。不存在不身处群体性运动中的领导，不存在不以某种实质内容或者实质目标为名义的领导。不存在不同时包含积极参与者、领导性参与者和被动参与者的群体建构运动，也不存在没有实质意义和目标的群体建构运动。不存在无须领导和被领导的群体生活的意义和目的实现。现实的整合过程包含所有这些要素，各种整合过程至多能够被认为主要属于某一种类型。下文对各种整合类型各自孤立的介绍，以及在各个类型中归入的各种情形，均是在此种保留的基础上进行的。

---

① Spranger, Jugendalter, 8 f., Litt^{3} 323, H. Oppenheimer, S. 74 ff.

第五章　人的整合

通过人员进行整合，这是在文献中最受关注的整合类型。领袖意识形态和领袖社会学[1]都特别重视这个问题。获得此种受重视的待遇，原因不仅在于实际的意义，也在于实践和理论两方面的错误。实践上的错误表现为，在那些世界大战的战败国中，对领袖 26
的呼唤不过是自身无力感、无助感、茫然感的表达。[2] 仅仅寄望于天才个体本身，无助于摆脱困难局面。相反，只有在政治条件逐渐改善的情况下，政治家的领导，以及在此领导之下逐渐凝固的人民意志的综合作用，才能将人们从此种境况中拯救出来。仅在领导者身上探究国家领导问题，而不同时也在被领导者身上追问问题的成因，这是一种自由主义的思维方式。用普罗伊斯（Hugo Preuß）的话来说，这是一种威权国家的思维方式。理论上的错误表现为，将被领导者当作（物理学意义上的）外力驱动下的惰性大众。[3] 这是一种机械主义思维，它忽略了被领导者必然具备的自

① 其中最为突出的是马克斯·韦伯的支配社会学。也可参见 Wieser，Gesetz der Macht，S.47 ff.。福尔斯特（Fr.W.Förster）早期的作品中有很多具有启发性的论述，他在这些地方用以被要求的领导方式的整合力量作为论证政治家、领袖和高位者符合伦理的行为方式。

② 极为正确的诸如 C. Geyer，Führer und Masse in der Demokratie，S.10 ff.。

③ 特别突出的是 Wieser a.a.O.。

发性和创造性。被领导者虽然是被引领进群体生活的，但很快将此种生活当作自身的生活。在他们的体验之中，领导者并非唯一的力量，而自身仅仅是被呼来唤去者。相反，在此种生活之中，他们本身就是活跃着的，各种领导者是他们当中在社会性和精神性方面有活跃性和主动性的人的生活形式。[①] 只有此种观点在理论上符合精神生活的结构，在实践上摆脱了领袖意识形态令人感到压抑的被动性。领袖意识形态期盼从政治魔术之中呼唤出一切，对蕴于其同胞中的伟力不屑一顾。

不存在没有领导的精神生活，在形成或规范文化上的共同意志领域中，情况也绝非不是如此。形成或者维持一个普遍的法律信条，这种从表面上看极为群众性的功能，事实上也可以被理解为
27 持续性领导和持续性被领导。[②] 在国家生活之中，此类现象会表现得特别清楚且形态多样。其多样性是如此之强，以至于人们永远不可能尽览其最为重要的类型。下文将要对迄今为止的文献中尚未得到充分挖掘的，以及对于所有国家性领导的普遍共性进行简要论述。

前文已经驳斥过的机械主义领袖意识形态仅将领导者视为在对象化的内政和外交事务上设定和实现目的的技术员。他们其实同时还担负着另外一种任务：在这些事务性职能中，无论其技术方

---

① 梅尼克的一段评论或许与之意思相近：**“人民潜在的权力欲和生存欲也同时滋养了其统治者的权力。”**当然梅尼克是在与本书截然对立的一种语境中做出此番评论的，见 Meinecke，Staatsräson1，S.12。在此问题上有正确的看法但却是机械主义观点的是菲尔坎特的旁观者理论（„Zuschauer“-Lehre）。

② Wieser S.127 f.

面的成败，他们同时还需要保持其作为被领导者之领导的地位。这一点在政党大佬、记者、议会制中的部长身上表现得尤为突出：如果他们不能将选民、读者等聚于身后，他们将遭遇倾覆，其职业功绩在很大程度上是团结身后的政治群体。在议会主义责任内阁制中，此种整合类型已经成为一种最高等级的宪法制度：无论其技术性统治和行政效能如何，内阁必须能够引致和维持议会多数力量的存在。因此，在后文将要介绍的功能性整合途径的辅助下，内阁并非仅将部分国民整合为统治性联盟，而是将全体人民整合为国家性统一体。[①]

“固定专职的”国家领导者的任务与之并无显著差别。这方面最为恰切的例子是君主。如果人们通过列举其在军事统帅、外交和内政事务等方面的技术性优点，理解和支持君主制，赞誉国王同 28
时身兼政治家和军事统帅的双重身份，或者以列举君主在处理上述任务方面的技术缺陷或者才能匮乏的方式反对君主制，这都是对君主制性质的机械主义错误认识。威廉二世（Wilhelm Ⅱ）的统治方式是没有正确领会君主任务的最为典型的例子。这种统治方式将统治行为局限于，凭借君主个人的力量完成对于君主而言可为可不为且在如今更加充满风险的最高国家领导工作的技术性任务。也就是说，使得统治者耽于琐事，从而忽视了自身更为重要的任务：成为人民总体的体现、整合人民总体。一般而言，国家元首

---

① 在民主制中，只有在领导派别和领导路线不会一成不变的情况下，领导者才能发挥其整合功能，故而民主制有更替领导人的偏好，这种偏好并非基于要求承担责任和阻止独裁领导者产生的偏好（凯尔森就此进行的扭曲的、自由主义-个人主义的解释，见Kelsen，Verhandlung d.5. dtsch. Soziologentages，S.60）。

这一职位的意义在于代表或者体现国民的统一性。换句话说，作为此种统一性的象征，如同国旗、国徽、国歌在功能整合与质的整合这两种类型中的功能。[①] 此种统一性不是固定的、静止的，仅需使其变得可感知、可呈现，或者唤醒人们的相关记忆而已。相反，其作为一种精神现实存活于精神生活的变化之流中，对于永远需要一再更新的体验而言，所有“代表”(Repräsentation)、“体现”(verkörperung)以及上面提到的各种符号，都是业已常规化的体验的刺激和形式。君主式整合[②]的特殊性在于，具有合法性的君主能够彰显国家共同体价值的历史延续性，故而君主也是通过实质价值实现整合的例子。在共和国中，往往只有历史甚至神话角色——例如退尔和温克尔里德(Tell und Winkelried)[③]——才能
29 与君主所扮演的角色相提并论。对主权者致敬欢呼并非只是向这一个体表达敬意，此种行为在更大程度上是一种**“统一国家的人民的自我意识”**[④]行为，更为确切地说，是此种自我意识的激活。托马斯·曼就曾进行过这样的定性。[⑤] 因此，身处国家最高层之人的任务不是技术性的，并不主要在于特定领域中的国家事务，而在于其人格的本性和立场。有的人就其本性而言在整合性职能方面

① 例如施米特就悬挂肖像之于君主的整合功能的作用进行的论述，见 C. Schmitt，Geistegeschichtliche Lage des Parlamentarismus[2]，S.50。兴登堡保留其在回撤军队总司令部的头号职位这个事实的强大整合作用是一个极有教益的个案。

② Kurz entwickelt Kahl-Festschrift，Ⅲ，23 f.

③ Vgl. Wieser S.364.既是历史性也是现实性角色的往往是那些建国者，例如像俾斯麦和马萨里克那样后来成为国家元首的建国者。

④ H. Preuß，Wandlungen des Kaisergedankens(Rede zum 27.1.1917)，S.20.

⑤ Königliche Hoheit20(1910)，S.163，25，52.

是不称职的；[①]某些立场与整合任务无法兼容。[②] 在这些情形中，人的整合功能和技术性功能的对立体现得尤为突出。

此外，君主人格的整合作用一方面可能寓于流传下来的政治意涵的制度化体现；另外一方面，君主也可能自己去创造以及续造此种意涵。在此过程中，君主的人格往往对其国民有着决定性、整合性和刺激其参与政治生活的作用。在创造性君主人格的情形中，此种整合作用在每个个体身上的影响不仅是促其活跃的，而且是具有塑造性的。老施略策尔曾经极为精当地指出：**“腓特烈大帝闭上雄鹰一般的双眼，六百万人换了容颜。”**[③]

尽管存在国家的整合行为和技术行为的对立，行政机关和司 30
法机关的官僚体系也属于整合性人员。理性主义以降，特别是马克斯·韦伯卓越的论述问世后，这个领域出现了一种顽固偏见：人们认为行政机关仅是一种理性机器，仅将其官员视为技术功能的承担者。[④] 此种定性虽然使国家工作人员的工作属性与人格属性的对立凸显出来，但忽视了没有任何一种精神活动在本质上是孤

① 例如马克斯·韦伯认为东欧犹太人不可能成为德国国家生活的领袖，即便是在革命之中（Mar. Weber, Max Weber, S.672）。托马斯·曼的细致论证，见 Thomas Mann a.a.O.。

② 由于在内政面临紧张局面期间所进行的毫无必要的出巡激起了负面观感，奥伦布尔格曾就此责备过皇帝。

③ Brief vom 19.7.1790, bei L. v. Schlözer, Dorothea v. Schlözer, S.242. 兰克关于政府整合作用的论述极为经典（Ranke, Sämtl. Werke Bd 10, Zur Geschichte von Österreich und Preußen, S.55）：**“它展现了国家的精神统一性，国家的发展、进步和命运与之息息相关，它向国家展示国家自身到底是什么样的，并将国家从毫无益处的理念引至实际利益的中心。”**

④ Max Weber passim, besonders stark Gesammelte Politische Schriften. S.151.—Richtig Thoma, Max Weber-Erinnerungsgabe, Ⅱ 58 f.

立的，特别是那些以社会整体名义从事的活动。法官和行政官员不仅不是死气沉沉的，而且他们作为精神生物也是社会性的：他们的行为是一个精神整体中的一种职能，是为这一整体所决定的，受到这一整体的指引作用，并对这一整体有决定本性的反作用。公立部门的伦理教谕其官员不仅要正确地完成自身的任务，而且还要从公众精神的角度出发，以公众之友的身份履行职责。这并不是什么特别和过分的要求，这仅仅是要求一个不证自明和无法避免的因素——在任何情况下，公共行为都处于履行职能者与其所面临的人群、公众之间动态的影响与被影响的关系——具有特定的色彩。如果一个官员认为自己的任务仅仅在于做出技术上无可挑剔的判决、考究的业务开展方式，那么他就大错特错了。在开展工作时，官员不仅在实现特定围绕着他和对其发挥作用的精神，官员也通过自身的判决、救济工作和各种行政管理行为对此精神具有设定内容和决定方向的改造作用。因此，社会主义者针对“资产阶级”法官及作为其思维方式最突出代表的司法机关[①]所展开的
31 批判，就其理论的根本出发点而言并无不当。对于公共职能的理论和对于未来官员的实践性教育而言，这里还存在尚未得到充分重视的任务。

然而，官员体系与其他类型整合性人员的区别之处在于，整合功能并非其第一位的职能，其整合功能隐藏于自身技术性国家行为的实质成效中。与之相比，那些首要任务在于整合功能的人群是真正的从政者。

① Herausgegeben von Kroner, Mittermaier, Radbruch Sinzheimer, 1925 ff.

当然，国家共同体整合属性的设定并非仅为内政问题、仅针对其国民，它同时也是一个外交政策问题，也针对外国。一个内阁可能会倒台，因为其不再受到多数议席的支持，也就是说不再拥有能够有效决定国民内政属性的力量。内阁也可能会基于无法继续执行其外交政策且必须将继续实施的任务托付其继任者而总辞职。马克斯·韦伯以作为只能选择统治或者下台但绝不能服从的权力人的领导者的个体心理学为出发点，以及依照一种以此为基础的个体伦理，对此种辞职的必要性进行了错误的解释。[①] 在以上两种情形中，国家领导人必须下台的原因并非其个人与其政策已经合为一体，以至于人们不可能期待他提出别的政策，以及其他政策对其而言是不可接受的——官员当然能够做出其他的政策选择——，他退职的真正原因在于，其在任职的期间整合性地决定了国家整体的性格，其政策成为了国民在政治上作为统一体的旗帜，在对内、对外事务上转换此种性格只有通过撤换一类人才能完成：其领导行为决定了此种性格、使国民坚持此种政策且迄今依据此种政策纲领将国民整合起来的人。

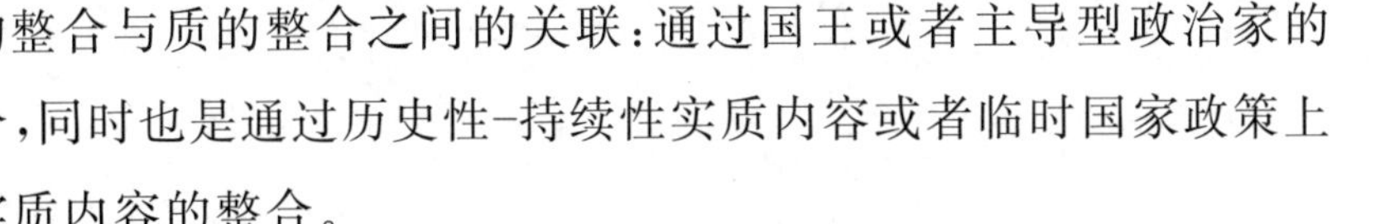

尽管存在理论上的区分，上面到处都不可避免地明显流露出 32
人的整合与质的整合之间的关联：通过国王或者主导型政治家的整合，同时也是通过历史性-持续性实质内容或者临时国家政策上的实质内容的整合。

① Z. B. Ges. Politische Schriften. S.154.

*　　*　　*

根据上面的论述，有必要对传统的国家机关学说进行深刻、全面的改造，只要它们是以国家理论的面貌出现的。作为法学概念技术的构成部分，机关概念在法学中的应用是不可或缺的。然而，如果人们草率和不加甄别地将其从法学引入国家理论，那么凯尔森对国家理论所做的判断就是完全正确的：国家理论无非就是法学。与之同时，机关理论还或多或少地沾染了机械主义的思维方式，将国家理解为实体化和目的性的整体，此种整体在其看来能够为了服务于此种目的而为自己创造相关必要的手段。[①] 这两种错误趋势是机关概念对国家理论具有危险性的地方。只有遵守本书所坚持的一般性精神科学概念建构的界限，才能在国家理论中使用这一概念。

① So etwa Vierkandt S. 352 f., besser S. 354. Selbst Litt, Individuum und Gemeinschaft1, S.132 ff. ganz im Banne der juristischen Staatslehre.耶里内克关于作为国家法学构成部分的机关学说的论述是此种理论不可靠性的典型代表，尽管他还同时指出存在一个“事实性”的机关概念（3 A. I.543 f.）。

第六章　功能整合

在具有整合作用的人之外，各种人类共同体生活的整合功能的另一种形式要素——相对实质内容而言的——是具有整合作用的功能运行(Funktion)或者程序方式、集体生活方式。就我的阅读范围而言，这个问题尚未得到系统讨论。社会心理学在这个问题上提供了很有帮助意义的预备性成果，而受法学影响较深的关于国家职能的学说根本没有触及这个问题。

下文并不打算穷尽性地研究相关对象，或是对其进行体系化 33
处理，而是在一些特别重要的例子上使其凸显出来。

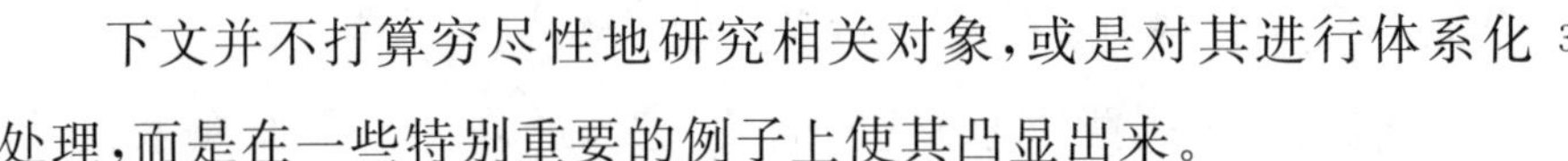

这里涉及的是那些自身意义在于达成社会合题(soziale Synthese)[①]的过程。这些过程能够将某种精神意涵设定为共同性的，或者强化对其共同性的体验，因而具备在一方面强化共同体的生活、在另一个方面强化各个参与者的生活之双面功能。此种过程本身有可能属于感官领域，精神意涵在其中得以展现、激发和象征。自从卡尔·布许尔(Karl Bücher)关于《工作与节奏》的名著问世以来，人们已经熟知共同行动中声音和动作上的节奏这个例子。以军事队列行进和群众游行为手段，此种过程也被应用于国

① Ausdruck H. Freyers，Theorie des objektiven Geistes，S.81.

家生活中。此种过程首先是对身体已经参与运动之人而言的整合性凝聚手段，基于其最为宽泛意义上的示范性效果，对于那些身体没有直接参与运动之人而言，此种过程也具有与之建立精神关联的功能。因此，威泽尔(F.v.Wieser)将权力团体和权力的设立(乃至国家的建立和维持)描绘为强迫大众在精神和意志上进入一种类似军队齐步走的状态。[①] 对法西斯主义时代而言，以及在一定程度上对"黑-红-金"旗帜的时代而言，这是现实状态(及其辐射作用)极为精当的写照。

黑尔帕赫式的"集团制造"属于半感官性、半精神性整合过程的例子。此种观念的主要内容为，工人在感官上和精神上完全了解了整个生产过程，他们作为这一过程的参与者能够由此结成一种精神上的统一体，个体对于这一过程的参与度以及参与个体的效能均可随之提升。[②]

34 这里仅需提醒大家回想一下那些在尼采冲击下而在宗教学、仪程学、美学上涌现的与之相关的问题。关于舞蹈学和体操学当下的流行理念，我们更是无法详细介绍了。

关于纯粹精神性的整合方式，我们暂时仅举出选举和表决这两个例子。而且，只有在特殊的国家性整合问题这一关联中，我们才能呈现其意义。

---

① a. a.O. S.23.

② R. Lang und W. Hellpach, Gruppenfabrikation (Sozialpsychologische Forschungen, hrsg. von W. Hellpach, Ⅰ 1922).在该书第133、66、79、88、91页中，"整合"这个词忽而具有与本文设定的相同意涵，忽而又与斯宾塞所使用的意义相同。见 Dazu J. Gerhardt, Arbeitsrationalisierung und persönliche Abhängigkeit, 1925, S.30 ff。

*　　*　　*

特定类型的共同体其整合性过程的特点在于，此种过程主要是产生、现实化、更新、续造那些作为共同体的实质内容之意涵的过程。在国家生活中，此类过程主要是意志形成的过程。然而，这里指的不是法学上的也即有法律意义的（rechtlich erheblich）、最宽泛意义上的法律行为上的意志形成，而是持续地重新建构作为意志结合体的国家共同体本身这一层意义。也就是说持续地创造国家意志共同体的生活显像、效能，尤其是其法律行为效果的前提条件。

自然法学没有将统治（Herrschaft）而是将契约（Vertrag）作为其国家理论的根本社会范畴[①]，这一做法恒久正确性的基础不只是理性主义个人主义。正如马克斯・韦伯所言，作为一种社会现象的统治永远都不是终极性的，永远都需要被正当化，且恰恰因为此种正当性而在自身属性上受到限定。统治的背后始终隐藏着其他的价值和秩序，统治是从中派生的。换用本书的术语，它们是已经建构起且持续性地建构一个共同体的整合性因素。因此，一种偏重于统治的国家类型同时也以一种主要由实质性、静态的政治 35
价值和秩序所构成的世界之存在为前提，只有通过此种世界和基于此种世界的名义，统治权才得以正当地行使。[②] 与之相比，契

① Wie E. Kaufmann meint，Kritik der neukantischen Rechtsphilosophie，S.90.

② Vgl. Kahl-Festschrift Ⅲ 23 ff.

约、表决、多数决原则是更为简单和原初的整合形式。[1] 社会性精神价值规律可于其中直接发挥作用。契约、表决、多数决原则以由其导向结束的斗争为基础。之所以能够导向此种结果，原因在于此种具有整合能力之斗争的特殊种类。[2] 不要式的全体一致原则和要式的多数决原则[3]都是终结此种斗争的形式。在多数决原则中，如果仅仅看到意志之于共同体理性的作用，[4]或是摒弃已久的对多数意志正确性的信赖，[5]那么人们就误解了这个原则。从历史起源上看，多数决原则是群体内斗争的程式化，以及非程式化乃至以血腥手段压制少数派做法的替代。[6] 群体之凝聚仰赖共同的价值观念和内部斗争的规则，群体也通过斗争化解紧张关系以及
36 强化统一性。在正常的政治条件下，对内政斗争结局之体验类似于体验紧张关系的良性化解效果和清淤消浊的过程，一如体验了一局游戏的结果。[7] 之所以有此种良性、清淤消浊的效果，深层的

① 这并不是说它们在原初的国体上表现得最为典型。国体为价值格局整体所决定。与后世相比，原初时代价值格局整体没有太大的相互差异性，且静态性较强，故而有利于统治性国体。

② 关于斗争现象学，见 Karl Gross, Der Lebenswert des Spiels, 1910; Ferner Simmel, Soziologie, S.247 ff., Litt[2], S.83, 152。

③ 关于其历史源流，见 W. Starosolskyi, Das Majoritätsprinzip (Wiener staatswissenschaftliche Studien. XIII 2, 1916), S.6 ff.。

④ So Litt a.a.O.1 S.121 ff., bes. 12 f.

⑤ 完全无视多数决原则在行政机关和法院中技术性的运用与在选举和议会工作中的整合性、政治性运用之间的差别的错误做法，见 R. Haymann, Die Mehrheitsentscheidung, Festgabe für Stammler, S.395 ff., z.B.451。

⑥ 在瑞士的一些村镇中，人们如今还能观察到其作为古日耳曼式一致性原则的基础。

⑦ 所有未能摆脱马克斯·韦伯和梅尼克关于“紧张关系”看法的政治理论都是错误的，因为它们均忽略了政治心理学这一层因素，也无法得出伦理上的结论。

原因并不在于结果正确性，或者统一性在形式上得以建构和维持，而是在于以斗争达成结果本身是共同体的一种重要整合性的生活行为，而且也意味着个人对共同体生活体验的提升，且无论其为多数派还是少数派。[①]

眼下的问题是近年来国家理论中一个引人注目和极富启发性论争的真正对象，也即卡尔·施米特(Carl Schmitt)和理查德·托马(Richard Thoma)围绕议会性质所展开的论战。[②] 我们当下研究的问题是这个问题的真正核心，而论战各方均基于自身的原因无法认识到。

按照卡尔·施米特的看法，勃兴于19世纪的议会已经丧失了迄今为止的基础和自身意义，因为议会的“理念”(Idee)、“原则”(Prinzip)——也即公开和论辩原则以及由其保障的正确性和正义性——不仅在政治信条中，也在政治现实中消亡殆尽。[③] 尽管所用的论证方式存在问题，但托马还是正确地指出这一断言过于意识形态化和书生之见。事实上，一种制度的存亡并不取决于自身 37
的意识形态，而是那些被卡尔·施米特自己称为活性、实体和力量

① 此外，甚至那些完全不具备此种制度化意义的斗争也有可能具备此种功效，例如内战。这使我回想起一个伟大的诗人对于此种事实的描述，见 Gottfried Keller, Landessammlung zur Tilgung der Sonderbundskriegsschuld, 1852, Str.3, 5, 7。

② C. Schmitt, Die geistesgeschichtliche Lage des heutigen Parlamentarismus 1923, 2. Aufl. 1926.-R. Thoma, Zur Ideologie des Parlamentarismus und der Diktatur, Arch. f. Soz.-und Pol.53, 21 ff. C. Schmitt, Der Gegensatz von Parlamentarismus und der moderner Massendemokratie, Hochland, Bd.23, S.257 ff., im Wesentlichen wieder abgedruckt als Vorbemerkung zur zweiten Auflage seines vorher genannten Buches.

③ Geistesgeschichtliche Lage[2], S.63, 61.

且不等同于意识形态的东西。[1] 以抽象理性主义意识形态的概念工具把握此种政治力量[2]，是理性主义的拿手好戏。用我们的话来说，就是以理性主义思维方式，将一种政治整合体系解释为抽象终极价值的机械式-目的性实现机制。议会制度的意识形态可能已经败亡，但其整合功能可能仍然持续存在。长久以来，法国的政治讽喻风气和实践经验早已戳破议会制度原初的意识形态，但议会制度仍然得以保留。其原因在于，对于习惯于拥有感官上的概观、乐见政治过程的论辩式和戏剧式对立的罗曼民族的资产阶级而言，议会依然是一种合宜的政治整合形式。[3] 对于民主化程度更高的德国而言，此种以少量阅读报纸的资产阶级为对象的整合方式是没有效果的。原初的意识形态仅是整合的一方面要素而已，其在制度变迁之中可以变得可有可无。只相信和关注意识形态的重要性，是理性主义或者概念现实主义（正如卡尔·施米特）的标志性做派。[4]

38 依据上文的论述，托马对卡尔·施米特纯为“**议会国家的观念**

---

① a. a.O，S.22 f.

② 针对我之前用类似方式论述的关于 18 和 19 世纪议会的理念（Maßstäbe des parlamentarischen Wahlrechts in der deutschen Staatstheorie des 19. Jahrhunderts，1912，S.4 ff.，Die Verschiebung der konstitutionellen Ordnung durch die Verhältniswahl，Festgabe der Bonner Juristischen Fakultät für Karl Bergbohm，1919，S.280 ff.），我曾有过这样类似的表述：我们必须轻轻剥掉其理性主义的外壳，以便能够把握其真正的制度意义。

③ Angedeutet Kahl-Festschrift S.23.

④ 此外，施米特也有正确之见。在他看来，通过秘密、隔离的选举，无法有力地表达一个民族的意志和公共意见（它仅仅存在于公共领域之中）。见 2. Aufl.，S.22。秘密投票者是排斥国家的自由主义观念的未被整合的和无须整合的个人。施米特同样也认识到，一种国体的理念和原则并不重要，关键的问题在于能够获得有效支持统治的多数人支持（S.11，a.a.O.）。这一点在一百年前也别无二致，只是小规模的自由主义时代资产阶级的整合性意识形态和技术与当今大众民主的整合性意识形态有所不同。

史上的死刑判决”[①]之批判并非毫无依据。然而，施米特在反批评中指责托马使用的主要是一种技术性宪法思维[②]，也同样是完全正确的。的确，一种制度能够通过改换目的和结构变迁延续自身的生命力。[③] 然而，认为“**派系密室中的、内阁的、跨党派的对话和专家、经济界人士创造性的讨论**”[④]可以替代早期议会主义的创造性也即有整合作用的讨论，纯为闭目塞听之议。前者只是实现特定业务目的的技术，而后者将整合性也即决定和构建人民和国家属性的制度作为目的本身。技术和制度均为精神科学观念最上位的范畴，不容随意混淆。[⑤] 托马在这个问题上依附了马克斯·韦伯的观点，丝毫不令人意外，后者恰恰是在国家理论和宪法理论中混淆这两者的典型人物。前文已对本书的观点与马克斯·韦伯-托马的观点之间的对立进行过原则性论述，我们将在后文评估此种对立在国家理论的结论方面将会造成何种影响。

*　*　*

选举、议会论辩、组阁、全民公决都是整合活动。这就意味着其正当性不仅在于主流国家机关和国家职能理论基于其法学背景

---

① a. a.O. S.216.

② 2. Aufl., S.7, 12 f.

③ Thoma S.214.

④ Ebenda.

⑤ 只有明确拒绝所有精神科学思维方式，人们才有权利如此混淆，例如凯尔森激进地将部长会议的讨论完全等同于议会的讨论，见 Kelsen, Allgemeine Staatslehre, S. 327。同样错误的还有：Fr. Haymann, oben S.35, Anm.6。

所作的论述:通过它们可以任命拥有全权的国家或者人民全体的
39 代理人,[①]只有基于此种全权才能做出法律行为上有效且对被代理人具有约束力的意思表示。其正当性也不在于马克斯·韦伯所持的观点:可以通过它们做出好的决定以及选出优秀的领导。在上述观点中,一个根本性的精神过程——理解这一过程是精神科学的首要任务——遁入黑暗之中。然而,这一过程是上述程序形式的首要意义:它们具有整合能力。也就是说在其份内创造人民整体当时的政治个性,由此为其具有法律形式的、内容或优或劣的行为创造前提条件。就议会国家的终极意义而言,议会是否做出决定以及是否做出好的决定,[②]不是核心问题;核心问题在于,议会式对抗能够在议会中以及在同步体验着的国民中引起群体的建构、联合,形成特定政治上的总体立场。[③] 正如选举法的效果:首先导致政党的产生,然后促成多数派的形成,而非仅仅选出各个议员本身。[④] 在议会主义国家中,人民不是在政治上已然存在的,然后通过一次次选举或者一次次组阁,特意在政治上确认其此种资格。相反,只有作为政治性人民,作为主要以各个政治上的合

① 在此我们可以忽略的是,原初理论中的代表和机关关系与代理并不完全一致。

② 毫无疑问,与所有以共同体名义所做出的法律上可评价的意志行为一样,议会的决议反作用于议会的整合功能,正如个体人格是在实现和体验自身功能的过程中才得以同步建构出来的。

③ 关于实际的**“议会的领导功能”**,见 z.B. C. Geyer, Führer und Masse in der Demokratie, S.80 ff., 88 ff.。

④ Vgl. z.B. Leo Wittmayer, Die organisierende Kraft des Wahlsystems, Wien 1903. 托马与之相同但表述更具一般性的观点(H. Preußen, Um die Reichsverfassung von Weimar, S.139)是:**“通过民主性自我组织原则,大众将重新获得其为过去的统治所剥夺的民主性自我意识。”**

题——在此合题中，作为一种国家性现实的人民才有可能一再存在——为基础的主权性结合体，人民才获得其存在（Dasein）。上述程序形式永远都不可能是一个国家唯一的整合要素，以及一个国家唯一的政治意志和政治效果能力的前提条件。然而，根据议 40
会主义国家宪法的宗旨，它们是终局性的整合因素，政治上各方面的个性主要由它们决定。

与其他整合活动一样，此种整合活动的有效性取决于两个方面的因素。首先，其原则（这里是多数决原则）确实具有整合力量；其次，其原则的力量能够作用于国民全体。

确实具有整合作用，以一种在政治斗争中不受质疑的价值共识（Wertgemeinschaft）为前提。斗争在保留此种价值共识的前提下展开，价值共识为斗争本身设定规则，赋予其整合性群体生活活动的意义。如果群体中的一个部分没有充分基于价值共识而与整体休戚与共，那么这一部分就很有可能规避斗争的游戏规则，进而不受其整合作用的影响，例如阻挠战术（Obstruktion）的运用。①或者，斗争规则虽然得到遵守，但并不是在充分的意义上，而是像遵守敌对国家之间的交往规则那样遵守它们。多民族国家往往会出现此种问题，例如人们通常认为奥地利的议会仅仅是进行局部

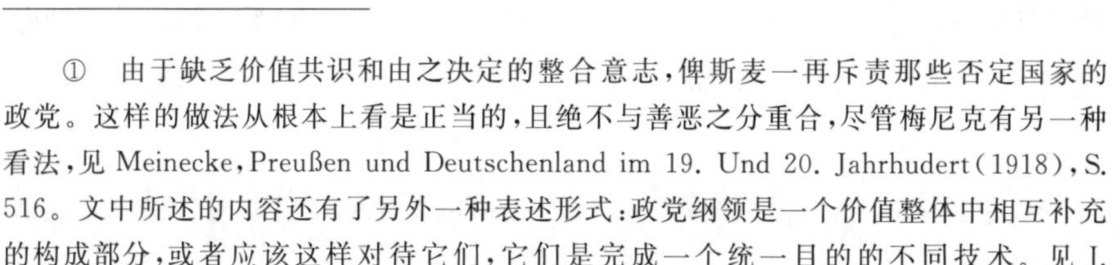

① 由于缺乏价值共识和由之决定的整合意志，俾斯麦一再斥责那些否定国家的政党。这样的做法从根本上看是正当的，且绝不与善恶之分重合，尽管梅尼克有另一种看法，见 Meinecke，Preußen und Deutschenland im 19. Und 20. Jahrhudert（1918），S. 516。文中所述的内容还有了另外一种表述形式：政党纲领是一个价值整体中相互补充的构成部分，或者应该这样对待它们，它们是完成一个统一目的的不同技术。见 J. Cohn，Logos 10，225（gegen Radbruch）；Haymann，a. a. O. 467；Stammler，Rechtsphilosophie §174。

互动的各民族之间的国会(Nationalitätenkongreß)，而非宪法生活有团结作用的手段。此外，那些通过宪法规定了整合性斗争的国体具有阻止特定部分人民永远处于少数派地位的优点。在僵化的宪法中，人民特定的构成部分可能会因其所抗拒的客观价值的长久的主导地位而持续性地处于少数派地位，并一再与国家疏离。与之相反，因其提供的未来分享权力的机会，议会主义国家中不断
41 发生的统治权争夺能够安抚少数派人民群体，并通过分享权力机会的斗争使其不断地融入和活跃于国家生活之中。

宪法生活能够有效发挥其整合作用的第二个前提为，所有人都内在性地参与此种生活。与法律一样，国家和国体的存续都以服从者的承认为基础。[①] 国家获得此种承认，有赖于个人将自身置于主要国家整合要素的影响力中。参与代议制国家生活，可能有活跃的选民和积极的报纸阅读者式的参与，在此类参与者的身上，国家生活整合作用的有效性是毋庸置疑的。菲尔坎特正确地指出，与表面上的行动者相比，往往群体中的旁观者才是真正的行动者。[②] 此种旁观者角色的表现形式具有一定的梯度区分：由于参与体验范围较广的体验关联(Erlebniszusammenhängen)在很大程度上仅仅是间接的，只有借助“报道”(Bericht)技术和其他类型的“社会沟通”(soziale Vermittelung)[③]才有可能获得此种体验。每个个体在使用“社会沟通”的范围上可能是各不相同的，有人全

① R. Hübner, Die Staatsform der Republik (1920), S. 336 f. H. Triepel, Unitarismus und Föderalismus(1907), S.27 f.

② Gesellschaftslehre S.392 ff.与本书中的意义并不完全相同。

③ Vgl. oben S.14, Anm.2, S.15, Anm. 1,2.

面阅读报章，也有人将政治事务委托给那些有时间且完全投身于政治世界的人（此种人对于那些与其观念一致的人而言是不可或缺的）。旁观式参与者的此种差异性仅是情感和社会参与的差异性的体现：从领导者和热衷政治的国民的活跃性到威泽尔意义上的“被动的大众”（passive Masse）。“被动的大众”的国家认同（Staatsbejahung）依靠其对其他——乃至极为个人性的——种类的某一价值的认同，因为对此价值的认同也会扩展到（通常是无意识的）此价值连带的其他价值，其中就有可能包括国家。“被动的大众”也会不可避免地因之半无意半有意地进入国家行动步骤 42
中。[①] 这些多梯度、多种多样以及意义有别的间接的个人的政治整合，是极为重要的政治现象，人们应该对其进行细致的研究。这里隐藏着人际领导的沟通作用，正是这种作用使领导者成为整合性因素。[②] 在另一方面，此种人际领导的沟通作用是当下政治理论和实践的真正攻击点：通过直接的行动，或者像人们描述的法西斯主义的方法那样，通过直接的整合取代民主制度、自由主义和议会制度。依索雷尔（Sorel）之见，只有直接参与行动，个人才是直接参与者和政治上的活跃者。法西斯主义所依凭的正是基于社团主义、军国主义、神话和无数其他技术的直接整合方式。法西斯的此般做法基于这样一个悖论式看法：只有小范围的国民能够生活在间接的与国家的关系中；与之相反，当下民主制中不能被资产阶级代议制国家考

---

① 根据此处简单的论述，被特里佩尔（Heinrich Triepel）排除在考量之外的**“刺儿头和空想家”**最终不仅是国家与法律的否定者，而且还同时有可能是其肯定者。

② 参见前文第 36 页。

究的乃至有些烦琐的生活方式引领的大众群体，需要更为直接民主的、工团主义的、感官性的至少是当代更具直接性的政治生活形式。

* * *

在宪法规定的议会主义国家的斗争方式或者直接民主方式这些整合方式之外，整合性功能运行还具有另一种形式：统治。与整合性斗争相比，统治更为直接地为实质价值所决定。前者仅要求存在价值共识，后者那里却需要特定价值本身奠定统治的基础。非理性的价值赋予统治正当性，而理性的价值则为其行政管理行
43 为赋予正当性。[①] 统治是这些价值的实现，进而统治是由这些价值聚拢在一起的共同体的生活方式之一种。身受此种统治的各类作用（政治决策、行政管理、立法行为和司法裁判），意味着在产生一个由之决定的价值共同体（Wertgemeinschaft）的同时，也产生了一个此种形式性共同体功能运作的体验共同体（Erlebnisgemeinschaft）。此种功能运作的体系虽非处处彻底一致，以至于它对任何人而言

① 正是由于与价值之间的这种关系，统治的价值重要性一再被人论及。例如卡尔·施米特那里作为统治性决断，或者在另外一种完全相反的语境之中，也即在社会主义者那里，资产阶级体制的价值是其行将颠覆的原因。见 z. B. Max Adler, Staatsauffassung des Marxismus, Marx-Studien, hrsg. v. Adler und Hilferding, Ⅳ 2, 1922, S.209 ff., 214 f., 223, 198 f.; Paul Tillich, Die religiöse Lage der Gegenwart, 1926, S. 43, 54, 64, 65, 82, 85, 125。在蒂利希的这个著作中，资产阶级时代的科学、技术、经济、宪法、教育和教会都是统治性的，故而都是丑陋的。与文中提到的统治和代表之间的差别具有密切关联的一个事实是，与代表相比，统治者和领导完全是在另外一种意义上同时作为人的整合的因素。见 den Abschnitt „Herrschaft, Führung, Vertretung“ von A. Fischer a.a.O. S.387 ff.。

（像议会主义体系或者直接民主的宪法生活中那样）均为同样的统一体，但能更有力、更多样化、更经常性地作用于个人。所有国体的所有宪法生活均以形成和表达统治性意志为最终目标，就这一点而言，统治是最具一般性的功能性整合形式。至少，统治既是整体的也是个人的生活形式。承受着、促成着、感受着统治的个人正是基于统治而与整体和他人处于精神上的交互作用中，作为被统治者身处一种整合性精神交流关系中。

如果遵循规范逻辑主义的立场，仅将统治理解为法规范的效力（Geltung），那么人们就无法理解统治的这一层意义。[1] 如果基于某种空间图景，将统治理解为高等级、上级权力机关对下级的压制，或者——基于在精神科学那里不被允许的将对象客体化的方式——将

其定义为服从的可能性，[2]也就是说将其理解为一种可以凭借因果科 44
学性和社会技术范畴加以把握的状态，人们同样无法正确理解统治。不只在这个问题上，在所有问题上，因果科学和规范逻辑主义的方法都顽固地阻碍人们正确认识精神生活（特别是国家的）的现实。

*　　*　　*

所有形式性整合过程的一个共同和本质之处在于，它们自身不含有任何目的，人们不可以在实现各个具体事项上的共同体目标这一技术层面上理解它们。与其有可比性的有和平年代的军队

---

① Kelsen, Allgemeine Staatslehre, S.38 f.

② Max Weber, Wirtschaft und Gesellschaft, 1922, S.122.

训练和演习，军队在这些活动中成为一个整体。与其有可比性的还有联欢会[1]、舞蹈和体操。有人曾这样认为，如果没有服兵役和纳税义务，根本就不会有大众结成国家的可能性。[2] 这样的看法点出了从外观上看没有目的的上述国家制度的整合作用，以及个人在这些制度上的融入。这二者与上述制度作为国库和军事性权力手段的事项性和技术性意义形成了鲜明的对比。

然而，不存在没有实质性价值共同体的形式性整合，正如没有以实质价值为基础的整合不需要功能性形式。在通常的情形中，可能会存在一类因素较之另一类因素更为突出的情况：群体生活特别是国家生活的某些行为意图为形式性、整合性功能的运行，在其他一些行为中，实质性和技术性内容可能居于主导地位。在前一种情形中，[3]整合性形式在一定程度上优位于对象性素材，相对于实质性的共同体价值、国家目的等因素，形式性共同体价值的独立性在此种情形中表现
45 得尤为鲜明，二者在一定程度上处于一种可相互通约的关系。尽管这两种因素经常作为同一种宪法制度的不同侧面而被联系在一起，国家理论和国家法的理论还是需要细致地辨别二者之间的差异。以实质性价值共同体为手段的共同体建构类型与之前研究过的通过形式要素进行的整合（人的整合与功能整合）有着极为显著的差异。

---

[1] 大概是在齐美尔的一篇著名评论中所道出的那层意义上（Verhandlungen des ersten deutschen Soziologie von 1910，1911，S.1 ff.：特别是关于游戏的内容，S.9）。

[2] Yorck an Dilthey 7.5.1879，Briefwechsel zwischen Wilhelm Dilthey und dem Grafen Paul Yorck v. Wartenburg 1877-1897，1923，S.13.

[3] 例如立宪主义的财政宪法与其他财政法和税法的区别等。我在下文还将会涉及这个以及其他例子。在此类例子上表现得尤为清楚的是，整合作用不取决于立法者和有待整合的国家成员是否意识到整合意图。

第七章　质的整合

国家的创立服务于共同目的之实现，或者（显然在对朴素的国家契约论的目的论进行精加工的基础上认为）国家至少是通过此种目的才得以正当化的，是现代国家理论的核心要点。然而，此类观点有待一定程度的修正，以便其正确内容得以揭示。

任何理念性意义内容（ideele Sinngehalte）之实现均以共同体的存在为前提，理念性意义内容反过来也能强化、充实、固化乃至建构共同体。人们可以提出**"意义体验的社会性"**（Sozialität des Sinnerlebens）或者**"文化事功共同体"**（Werkgemeinschaft der Kultur）这样的表述。[①] 只有以体验着它的和实现着它的共同体为基础，价值才能具有一种真实的生活。反过来说，共同体的存续也依赖价值：即便是人类个体也需要通过价值实现才能成为精神性人格，精神性地生活着和存在着。这对于所有集体性存在更为理所当然，毕竟它们缺乏心理物理学上的生活现实。[②]

因此，国家也不是一种现实存在物本身，可作为人们使用的手段，用以实现其（国家）自身之外的目的。只有作为意义实现

① Litt[3] S.323 ff.，320 ff.

② Litt S.333 f.，373 ff.

(Sinnverwirklichung),国家才是一种现实,国家与意义实现是同一的。故此,与国家之外的某种目的的目的性关系,不足以作为解释国家和为国家提供正当性的依据。相反,只有以价值实现这一本质规定性为出发点,人们才有可能真正理解国家。

46 国家生活中,对于那些国家的主权性意志结合体的本质属性最为直接的体现而言,这是显而易见的。人们惯于类比人类个体的心理物理学意义上的生活,将强有力的统治和对内、对外贯彻自身的意志视为国家自身的属性。由于国家必须是其疆域中的主宰者,由于个人强烈的权力欲只有通过参与统治性共同体才能得到满足,由于只有如此才能使文化上使命性意义关联的一个部分成为现实,故此,只有基于法律和其事实上不可抗拒①的权力,有能力进行对内统治、对外能够强有力地自我防卫,国家才是现实的。

在所谓国家的法律目的和文化目的的领域中,情况同样如此。即便在这些领域中,国家也不是一个孤立存在的人格,以自身的技术和权力手段接手和处理特定国家身外的对象化、具体的任务。相反,国家拥有的现实性,是国家作为精神性生活共同体的现实

① 国家将国家性特别是军事性符号与胜利的符号相联系,这是任何国家本质属性的恰当表达。嘲笑所有军队都宣称自己是世界上不可战胜的,阿纳托尔法朗士(Anatole France)的这个做法并不完全正确(L'Ilelle des Pingouins Ⅰ. Ⅴ. ch. Ⅳ)。就其任务而言,国家就应该是不可战胜的,这同时也是不可战胜的文化民族之属性的恰当表达(Wieser a.a.O.280,393)。对《凡尔赛条约》批判的一个疏漏之处在于,人们没有从一个幅员辽阔的民族国家的功能和本性角度出发,仅在技术性能力受到侵害这个角度上反对德国的非军事化。美国人无法理解这个差别,这并不奇怪。令人痛苦的是,很多德国人也不理解这一点。德国和平主义者的一个愚蠢观点正是源于此种无知:他们从世界大战中企盼普鲁士军国主义的溃灭,却没有意识到这将是德国人民的惨败。军队不只是设施和装备,更主要是国民的生活方式。针对这个问题还会有进一步的论述。

性，这种现实性对所有建构此种共同体的意义内涵有同等的依赖性。人们不应就此作形式与内容之分。我们不仅可以说国家是文化的一种形式，我们同样也可以说国家操持的各种文化领域是国 47
家的一种生活方式。把握国家与文化之间的关联，不能采用对于精神科学而言极为有害的①形式和内容这一对范畴。相反，应该将此种关联理解为一种统一现象各个要素之间的关联。

特定国家“目的”或者“使命”之整体实际上是整体文化的一个局部，是从整体文化中做出的一种选择。国家与其他文化领域均具备的最大化趋向②和向整个文化（只要其能够投射进共同体的国家生活层面）领域扩张的趋势，是此种选择的根本推动力。在国家权力扩张性之外，特定时代以特定方式使特定目的国家化的偏好性（Affinität）也对此种选择具有影响力。之所以存在此种偏好性，原因在于作为一个整体的国家生活并非数量上的加总，而是一个为客观价值规律在具体历史条件中的具体化所决定的个性化统一体和全体（Totalität）。国家的统治恰恰是以这一价值形态为基础的。③ 这就意味着，对于其属民而言，国家是一种持续的、统一的激励人心的体验关联。只有作为一种价值全体（Werttotalität），国家才是体验的统一体。

基于对这一价值样态本身或者其中个别国家本质要素的体验，人们体验到了国家，进而被国家性地整合了。领导作用和整合

① Litt[3] S.360 f.

② Ausdruck v. Wieser, Gesetz der Macht S.104 ff.

③ 施普朗格关于权力心理学的论述，见 Spranger，S.230。

性程序这些要素在其中可能具有一定作用，但与这两种整合类型相比，以一种实质价值意涵为基础的整合作用是一种别样类型的或者说第三种整合类型。①

国家共同体实质内容的整合作用有自身特殊的困难。在当下
48 国家中，此种内容的样态阻碍了其自身整合作用的发挥：它们是如此之广博，以至于个人根本无法概观；与此同时，其所具有的广博性及其自身的理性在个人心中激起异己之感。其外在表达使个人觉得陌生，个人甚至根本无法体验到自身在其中参与的份额。②于各种细节中，国家共同体的实质生活暗中发挥着巨大的整合作用，而此生活之全体却又表现为外在的、难以尽览的事物。就这一点而言，其因外在性错觉而无法为人所把握。为了能够被人体验到，为了具有整合作用，这一生活之全体必须被浓缩于一种使其得以表达的要素之中。在具体制度中，国旗、国徽、国家元首（尤其是君主）、政治仪式和国家节日等政治符号对历史和现实价值内容的代表作用，是实现这一点的方式。③ 在历史演进中，这一点则通过

① 卡拉考尔恰恰在这一点上完全缄默了，见 Kracauer，Die Gruppe als Ideenträger，Arch. f. Soz. Wiss. u. Soz.-Pol. 49，594 ff.。与之相反的观点，见 Rothenbücher，Über das Wesen des Geschichtlichen，1926，z.B. S.15 f.。

② 对此种情形极为恰确的描述，见 Litt[1]，S.174 ff.，179。质的整合的一个矛盾之处在于，体验自身在范围较大、属性上较为重要团体中的参与，是很困难的；而对人数较少、内容较为不重要和持续时长较短的群体的参与往往能够更容易被人们体验到。

③ 当然，通过符号实现的整合永远都是通过符号象征的内容实现的整合。因此，人们不能为一种不存在的意涵捏造出一种符号（如 R. Coester，Die Loslösung Posens，1921，S. 62 f.所要求的那样）。“黑-红-金”国旗因其相对于“黑-白-红”旗所象征的实在意义的不明确性而存在的困难部分是出于此种原因。法西斯主义在政治符号的理论和实践方面投入的精力尤为巨大，甚至考虑到了神话与符号之间的关联。克尔凯郭尔也研究过这个问题，见 Kierkegaard，Der Begriff des Auserwählten，dtsch. V. Haecker，1917，S.41。

代表性事件实现，代表性事件能使一个国家的政治意涵凸显出来。
按照索尔兹博里（Salisbury）给赫尔伯特·俾斯麦（Herbert
Bismarck）回信中的说法，在民主时代，代表性政治事件是唯一能
够在外交事务方面对大众施加决定性影响的途径。[①] 与其他国家 49
进行对比时，自己祖国的价值和尊严与个体自身在其中的牵涉性
会骤然凸显。在某些情形中，国家价值样态的代表性要素可能是
即兴偶成的：国家可以将自身的广博性和尊严显现于其任何一个
具体细节中，[②]其于这些细节中所受之侵害也会在国民那里引起
自身遭受侵害的体验。

象征化意涵具有较强的整合作用，原因不仅在于其作为非理性和个性化的存在能被人特别深刻地体验，也因为较之那些外在的、理性的、法律表述的形态，其在这种形态之中更具灵活性。对于个人而言，被表述出来的、通过规章表达的内容是他者的（heteronom）、僵化的，在其使个人意识到自身整体归属性的同时，也能令个人意识到其与共同体之间的紧张关系。[③] 与之相反，从历史的角度来说，象征化根源于价值世界尚未差异化的早期时代

① **“这一代人只能被事件教育”**，见 22.3.1889，Die große Politik der europäischen Kabinette 1871-1914，Ⅳ 495.关于象征性的事件，见 Rothenbücher a.a.O. S.38 ff.。一个极为理想的例子为 1315 年的墨尔加藤战役。这场战役能够唤醒瑞士人对其斗争历史意义的意识，进而意识到其政治统一性，见 A. Heusler, Schweizer Verfassungsgeschichte，S.85。墨索里尼和法西斯主义一再强调进军罗马的革命性意义，其用意正在于此：只有像这样理解，其才是与旧秩序决裂的象征性事件，是崭新的国家内涵的面世。同样，其革命的属性引起了其自身的整合作用以及法西斯主义的特殊正当性。

② Hegel，Rechtsphilosphie，§ 334.

③ Vgl. die vortrefflichen Erörterungen bei Litt[1] S.117 ff.，129 ff.

表达手段的贫乏，恰恰因为这种贫乏状态，象征化具备更为有效和灵活地代表一种价值意涵的能力。任何人均能按照自己的方式体验一种被象征的价值内容，且不会引发在表述出来和规定于规章中这两种情形之中不可避免的紧张关系和对抗情绪。① 与之同时，个人对象征化价值内容的体验，是将其当作一个整体来体验的，这是其他任何途径都无法企及的。

50 主要是通过这种方式，也即作为内在而不是外在的全体，②个人对作为整体的国家价值形态的体验才会具有内在的和有意识的整合作用。此种整合状态——就性质而言，大多数是暂时性的——的意义主要在于，在如今，其对更大程度上的个人效命于国家的可能性具有决定性作用，例如在战争中。只有在这种方式的特殊前提条件下，个人效命于国家才是可能的，也许只有这样，要求个人效命于国家方可见容于道德。③ 因此人们有理由认为，政治观念的理性化彻底排除了将政治内容理解为信仰内容的可能

① 这一点令我回忆起了参与礼拜仪式的经历。同样的内容用宗教诗歌表达在整合全体教徒上从来不会碰到困难，而如果其表现为箴言这样被表述出来和被规定出来的形式，情况就另当别论了。

② 并非完全是这一层意义上的对立，见 G.v. Lukács，Theorie des Romans，S.31。

③ 依据业已论述的内容，我们能够部分地解释国家的整合性凝聚力与神的宗教性凝聚力之间的相似性，正如齐美尔在其宗教社会学中所观察到的那样(Die Religion，Bd.2 der „Gesellschaft“，hrsg. von M. Buber，1906，S.22 ff.)。在更深一层的意义上，这也是黑尔施的基本观点，见 E. Hirsch，Reich-Gottes-Begriffe des neueren europäischen Denkens，1921。索雷尔和法西斯主义者的政治神话政策也运用了这一点。用本书的术语来说，政治神话是以象征地表述出的进而能够被内在地体验到的政治价值样态之整体为手段的整合。当然，凯尔森在神与国家之间所作的类比与之没有任何共性(zuletzt Allgemeine Staatslehre S.76)。

性，由此也使得任何政治上有约束力的内容都遭受质疑。[①]

当然，人们不应该忽视国家的实质意涵基于前文[②]介绍过的各种“沟通途径”和各个生活领域之间的无穷的互相咬合性（特别是与国家的）而具备的持续性和隐性整合作用。

构成了一个意志结合体的整合性内容总体的实质内容，无论是作为生活的一种要素，还是作为一个整体本身，均是流变不息的。更为确切地说，不仅整体的生活的进步导致其不断发生变化，
完全撇开这一点也同样如此：此种实质内容不是一种静态的存量， 51
而是不断重新设定的、对于人的意志有动员能力的实现行动的目标。出于对这一点的感悟，契伦（Rudolf Kjellén）一度用鲁特利山谷宣誓（Rütlischwur）中的话恰当地表达了一个民族国家的性质：**“我们有意愿永远作为一个兄弟般的统一民族。”**[③]因此，联邦职权的扩张实际上并不必然是团结性的，也即整合性的，因为一种国家行为法律上的可能性并不意味着实际上会产生顺从这个方向的整合性意志结合体，在部分人民反抗此类行为的情况下，其作用可能是反整合的、于整体不利的。这种情况经常被人忽视，例如在魏玛时期，人们基本上就在职权扩张和强化帝国之间画上了等号。

认识到国家“目的”“任务”作为国家整合过程的实质要素，而非将其理解为一种真正的“目的”，国家只为其实现手段，它反过来又为国家提供正当性基础，这是正确理解国家生活意义的重要前

① Yorck an Dilthey 13，1. 1887，a.a.O. S.66.

② 第52页。

③ Der Staat als Lebensform，1917，S.110. 主要依赖质的整合的国体静态性与自由主义-议会制国体动态性之间的对比，见 Kahl-Festschrift，Ⅲ 22 ff.。

提。如果人们将国家视为效劳于其所谓目的的设施，那么人们对于国家的判断总是不利的：国家实现这些目的的方式实在太蹩脚了！跟粗制滥造的机器一样！**“运转起来总是故障频频！”**[①]实际上，国家生活与个人生活没有本质性差别：国家的目的、理念、使命和希望也不是全部都能够实现的，但其履行围绕它们开展生活的义务却是有可能的。恰恰是生活的开展使得此种顺其自然的心态(Resignation)变得必要：无论是人还是国家，都不是精神生活的现
52 实，假如他们不在与那么多事倍功半和功败垂成的持续性斗争中不断地锤炼自己、不断地重新构建作为精神性存在的自己。生活的意义就寓于此种持续的本性塑造和本性实现之中。只有从此种意义出发，人们才能够理解生活。如果人们从目的性效果的角度出发，寻求对人类生活和国家生活的理解以及正当性基础，那么这种打算不啻水中捞月。

一切目的性国家理论均与那些理性主义语言理论同出一辙。理性主义语言理论将语言视为一种以交流为目的的理性的从而是技术性发明，将其解释为一种原始的世界语，也即一种技术性人造品，而非人的精神的一种根本的、本质的和必要的生活方式。与之相类似的还有声称教士骗局(Priesterbetrug)的宗教哲学以及其他理性化学说。这些观点所在的学科较为幸运，因为上述观点很早就破产了。而在国家理论的领域中，理性主义

① Vortrefflich Fr. Curtius, Hindernisse und Möglichkeit einer ethischen Politik, 1918, S.6.然而，其在这里进行的以“天性与理性之间的交叉叠合”为基础的解释是不正确的，正确的出发点应该是精神生活的本质。

的烙印依旧俯拾皆是。[①]

*　　*　　*

此种实质内容同样也是法理学的研究对象，因为国家及其秩序的正当性虽非完全但在很大程度上寓于其中。构建正当性的是具体的价值，它们一方面要求特定国家法秩序具备效力，同时又作为这一秩序的效力基石。由于此类价值可能是多种多样的，故而存在多种多样的正当性，以及不同程度的正当性。法学的形式主义显然不会使自己劳神费力于这个问题，因为它只会用“有效力”或者“无效力”这两个范畴解答问题，看不到此外的其他任何法学问题。就根本属性而言，那些技术性法学学科可以绕开这个问题，例如民法学；在刑法中，这个问题是无法忽视的；而在国家法学中，这个问题则是必须正视和无法回避的。[②]

*　　*　　*

从体系的角度上看，有两个问题属于当下的关联中：历史 53
（Geschichte）和国土（Staatsgebiet）。

---

① 其在当下的国家学中最为典型的例子为凯尔森的“面具”理论，见 Kelsen, Logos Ⅺ, 267 f.。

② 在后文中我将会深入细致地讨论这一点。Vgl. C. Schmitt, Geistesgeschichtliche Lage des Parlamentarismus,[2] S.39 ff., Heller, Souveränität, S.19, v. Marschall, Vom Kampf des Rechtes gegen die Gesetze, S.128 ff., Anm.381 f.

*　　*　　*

国家生活的意义内容是一种历史现实。这就意味着它与人类个体的精神现实一样,并不仅仅是过去与未来之间的一截,不仅仅是当下性(Gegenwärtigkeit)。精神现实与理念性内容的区别之处在于,理念性内容属于非时间的或者一次性的理念层面,而实项的(reell)内容无法孤立地为人所理解,相反人们只能在这一层意义上理解它:生活之流向其奔来,作为已经过去但并未消失的蕴于其中,而且生活之流经行过后继续流动,将产生改变的未来作为一种要素投入其中。因此,与理念性内容相比,只有作为在历史中奠定的、趋向未来的,现实的意义内容才是有意义的和可以被理解的。作为一个全体(Toalität),其为历史中流动的、现实的,而非一个瞬时性体系整体。历史和未来趋势均是蕴含于当下的意义现实中的辩证因素,故而它们具有最为强大的整合能力。当然,与某些肤浅的政党意识形态理论家的观点相反的是,这两者的整合能力并不是理所当然地存在的。只有拥有作为建构现实的要素属性,且只有在此种属性上,它们才能具备整合能力。

只将历史理解为当下的因果性根源或者持续性的归责的对象,便没有正确认识到其整合性力量的意义及其整合能力的界限。①

① Vgl. z. B. die Literatur bei Litt[3] 80, Anm. 1, und bei M. Scheler, Versuche zu einer Soziologie des Wissens, 1924, S. 115 f., Anm.

*　　*　　*

基于两个方面的因素，国土（Staatsgebiet）问题也属于当下这个关联。[①] 54

首先，国土是一种整合性的实质内容，甚至是对于国家生活共同体而言最为重要的实质内容。新派地理学和“地缘政治学”（Geopolitik）的主要创见在于深刻展示了国家生活如何为其“生活空间”（Lebensraum）、国土，以及国土的属性、边界和空间关系所决定。这种观点使人们普遍接受“**任何国家特有的国家观念都是适应其特殊地理因素的表现**”的说法。[②] 人们就此点发掘出来的大量事实和问题，不必在此申言。

这种观点在一定程度上应该受到批判。与其自然科学的基本立场及其表面上空间性-有形的研究对象相适应，这种地理性观察倾向于认为国土是国家生活的因果因素，将政治空间理解为人的自然的、生死攸关的生存空间，一如动植物的地理性空间是有机生物的生活（这是自然科学的研究对象）[③]条件。

① Unklar dies Doppelte bei Waldecker, Staatslehre, S.481 f.

② Z. B. Sieger, Staatsgebiet und Staatsgedanke, Mitteilungen der Geographischen Gesellschaft in Wien 62(1919), I ff., bes. S.8, u. ff.

③ Statt vieler Fr. Ratzel, Der Lebensraum, 1901. 只有在本书描述的界限内，国家理论参考地缘政治学的观点才是正当的，见 Heller, Souveränität, S.83 und Anm.2。较之地缘政治学的泛滥为甚的是在当今意大利学界中盛行的彻底为物理学思维所主宰的政治地理学。与这一种观点相比，“当下时代精神概要”中的一个著名表述（Fichte, Werke, 7, 212）显得尤为正确。在这个表述中，费希特拒绝承认土块、河流和大山为祖国。

尽管任意类比国土和人类躯体是一种根本性错误，但这种做法还是有一定启发性的。尽管精神生活受到人类躯体性存在和体质性、心理性过程的制约，但精神生活本身和人对精神生活的认知不是占据空间的躯体的规律所决定的，相反是由精神自身的规律性所决定的，因为在这种生活中躯体性存在只是一种辩证因素，而
55 非因果因素。国家生活的情况也是如此。尽管国家生活会受到地理性制约，但不能像解释自然科学的有机体生物那样，依据其地理制约因素对其进行解释。相反，只有将地理制约因素这种本质性要素纳入考量，作为一种精神现实的国家生活才能得到充分地理解。这就要求所有国家理论都应该将国土视作精神体验的对象、政治共同体的整合性因素。就这一层意义而言，国土是共同政治命运的要素，是一种尤为重要的使命，是国防、开拓、居住和开发的对象等。

如果说政治地理学的自然主义和机械主义错误是可以谅解的，且将其作为一种假设富有启发作用，那么近来在德国国家法学中大规模涌现的地域-自然主义则就是不可宽恕的了。这种学说将国家理解为一种国土之上的空间性现实，国土为这一空间现实的空间性支撑平台，如同一个茶托。[①] 其他粗糙地罗列各种要素的三要素学说将人民安置于此种地基上，将国家权力视为笼罩其上的大屋顶（这是一种最为人喜爱使用的图景），或者认为人民被国家权力凝聚在一起，如同木偶剧院中为木偶剧演员的提线所操纵的木偶。德国这一不名誉的反精神的历史篇章显然会成为维也

① 更为全面、精彩的介绍见：Kelsen，Souveränität，S.73；Staatslehre，S.294。

纳学派的批判对象，无须我们于此置喙。[1] 在此之外，我们有必要对这个错误的根源做个简要解释：此种朴素、粗糙的现实主义之所以大行其道，乃是因为其能为空洞的国家法学和国家理论的形式主义起到填充的作用。

国土的第二种整合功能在于，国土蕴含着由其自身提出的国家使命的履行问题：国土面貌改变，这是一种文化上的事功。更为确切地说，国土不仅仅是某种个别文化或者经济价值的载
体，也是一个国家和一个民族价值财富之全体直观的呈现。因 56
此，国土往往被人称为“祖国”“故土”等。因此，就战时的用语习惯和情绪氛围而言，较之其他因素、途径或者方式，国土能够更为有力地代表一个政治性生活和价值共同体。在另一方面，国土有时也能被它的部分代表，为它的圣地、历史面向所代表，例如莱茵河。基于此种功能，国土得以被列入不可表述的价值存在样态、价值整体的整合性象征化的行列，更为确切地说，是这一行列之中最为重要的一员。正如一个协会的章程要在其第一个条文中表述协会的目的，宪法也有必要呈现无法表述的、由其规制的国家生活的内容，宪法完成这一任务的手段则为将此种内容的象征化置于宪法的开端：国土、国旗、国徽、国体和国家性质。

就这一点而言，人们可以认为国家通过其国土得到了最为重

① Kelsen, a. a. O. und vielfach sonst. W. Henrich, Kritik der Gebietstheorien, 1926.

要的具体化，[①]国土的变动不是国家的量变问题，而是质变问题。在所有国家的质的整合要素中，国土是第一位的。国土是在这一层意义上作为国家理论研究对象的，而非就荒诞不经和一无是处的国家要素学说的角度而言。

① Braubach，Schmollers Jahrbuch 48，S.232.领土和国界的整合作用在自由的、非国家的“社会”之处的蔓延，最能体现领土的整合作用，正如德语方言区的界限逐渐与19世纪之初变动过的国土边界重叠。与本书观点在很多方面相对立的，可见 Scheler，Formalismus，S.580 f.。

第八章　整合体系的统一性

所有精神生活都是使命性意义关联的实现。之所以如此，乃是因为某种精神生活是某一特殊价值规律性的载体，基于此种规律性，相应精神生活内在地具备了趋向最佳实现状态的趋势和由 57
之呈现的差距。在各个价值领域之中，此种趋势也蕴含了构建特定体系性统一体、客观的全体的可能：一种统一的认识，任何个别观点均为其构成部分；一个相互关联、全面覆盖的规范体系，个别规范只有作为其构成部分才能拥有自身的意义；某种社会体系，任何个别社会活动都以此种体系的实现为目标。

李特对社会生活最泛泛的人际关系中的表达行为与理解行为之间的交互作用有过生动的描述，此种趋势在此交互作用中就有所体现。[①] 此种交互作用以达成相互理解和促成精神性与社会性合题为目标，尽管只是较低水平上的。在更高级的人类智慧结晶中，此种趋势推动了不间断地建构无矛盾、一致性统一体的过程：学术和实践永远孜孜以求地促使一个实在法秩序一再有能力成为一个富有活力的精神统一体，或者面对流变不息的法的历史乃至革命所造成的巨大断裂，一再填补实在法体系的漏洞。尤其是在

① 2. Aufl.,S.78.

国家中，此种趋势实现于国家作为所有其属民的意志结合体的现实的一再重新建构之中，纵然它将遭遇各种负面因素，纵然它将遭遇各种个人或者整个群体的乃至压倒性多数的阻碍。

既然国家生活的现实是国家作为主权性意志结合体之现实的持续性建构，那么国家现实就是其整合体系的现实。只有将其理解为在精神价值规律指引下不断自动重新汇聚成一个统一总体作用的所有整合因素的整体效果，此种整合体系——也即真正意义上的国家现实——才能被人正确地理解。这就意味着，国家的各
58 种方面，特别是前述各种国家整合的种类，以及内政和外交这两个在国家生活中龃龉不断的领域，只能被理解为统一的国家生活的要素，也即国家整合体系的要素。

接下来将从这一角度出发，简要地讨论各种整合类型相互之间的关系，以及内政与外交之间的关系。

*　　*　　*

各个整合类型之间的关系，尤其是各整合体系中两级之间（质的整合与功能整合）的关系，是重要的理论和政治问题。当然，这个问题从未被如此明确地表述出来，或者说并未被如此理解。这是因为，人们未将这个问题当作一个系统性问题，进而彻底地把握和处理。相反，人们只将其视作一种历史问题。此类历史观察呈现了两种可能的历史次序：一种是质的整合为功能整合所取代，另一种是功能整合为质的整合所取代。

第一种可能性契合总体上的近代观念史。中世纪价值世界的

崩溃也意味着自然生发、不被质疑的价值共同体——同时也是滕尼斯意义上的“共同体”——的崩溃，也即侧重于质的整合时代的终结。近代在精神上原子化、去实体化、功能化的个人不是没有价值和实体的人，而是缺乏建构共同体的，尤其是传统价值的人——这二者只能是静态文化和社会秩序的价值。因此，就近代人而言，共同体的建构较之以往更为依赖功能性整合技术：静态秩序的人的整合基于其对国家中既有阶级和等级的顺从，而 19 世纪的市民整合依赖议会国家的形式性斗争方式，民主时代的市民整合则依赖大众国家直接民主生活方式。因此，尽管背负心理学和怀疑主义的种种弱点，但大众心理学进入现代国家理论中也有一定的合
理性。因此，人们将最现代的政治群体（例如共产主义政治群体） 59
的“程序性”（Prozeßartig）看作旧式政党结构的对立面，[1]并非毫无依据。

完全撇开此种世界史的发展顺序，我们也可以在局部观察到此种过程。卡尔·比尔芬格（Karl Bilfinger）曾令人印象深刻地描述过，与民族国家有所不同的是，作为一种生活形式的各个德意志国家没在多大程度上通过实质因素——例如经济、文化、种族以及相关事项上的职权——凝为一体，而是主要通过“国家统治原则”，也就是说通过行使国家统治权的形式过程。用我们的话来说，完全不依赖于其自身质的内容，仅以国民在功能生活中参与份额的体验为基础的功能整合。[2]

① G. Lukács, Geschichte und Klassenbewustsein, S.319 ff.

② Der Einfluß der Einzelstaaten auf die Bildung des Reichswillens, S.85.

对于国家理论而言，比此类个案的数量、种类和真实性内容更为重要的是这样一个根本事实：也存在与之反方向的过程，而且也是世界史的一种普遍现象，或者在某些个案中可以观察到的现象。这个现象事实上涉及实践中的政治纲领问题，故而具有最为重要的实践意义。

这个过程一方面意味着传统的生活共同体转化成滕尼斯所言的现代理性化社会；在另一方面，这个过程也意味着非理性共同体内容转化为理性化、有意识的、表述出来的意义和价值内容，一如国家契约学说、人权、现代国家理论和政党纲领所展现的那样。人们由此认为，与传统的相比，晚近出现的共同体形式的本质之处在于，对于传统的共同体形式而言，领导人是最显要和决定性的整合因素，而对于晚近的共同体形式而言，领导人的此种功能已经为理念和抽象观念所取代。[①]

60 在一些具体的个别现象中，我们也能观察到与之相应的演进轨迹。在此，我可以援引卡尔·罗文斯坦(Karl Loewenstein)对英国宪法类型从偏重人事问题民主决定的类型到偏重具体事项的民主决定的类型之演变过程所作的极有价值的描述。[②]

在我看来，眼下这个地方也隐藏着社会主义国家理论之谜的答案。恩格斯关于“**对人的政治统治应当为对物的管理和对生产**

① 弗洛伊德的大众心理学就抱有此种看法。弗洛伊德的这种看法很有代表性，包括其观点中所体现的直白的自然主义和领袖浪漫主义的杂糅。我在这个地方参考的是凯尔森的论述，见 Kelsen，Staatsbegriff，S.31 f.。

② Archiv für Sozialwissenschaft und Sozialpolitik，Bd.51，S.671，683.

过程的领导所替代，也即国家消亡”[①]的口号在社会主义国家理论论述中越是被高举为核心宗旨，这个问题也就越容易被理解。激发作为废除统治前提条件的团结性（Solidarität），以实质上正确的经济秩序和社会秩序为基础。如果这个基础条件是成立的，那么意志统一性的达成，特别是政治性意志统一性的达成，将不再以统治、压制乃至意志行为为手段，而是以认识此种秩序的正确性为手段。[②] 马克思主义之所以极为重视教育，正是因为此种秩序中的人必须有别于和优于以往的人。[③] 实践中的社会主义根本不需要政治整合体系，因为社会主义在落地生根的新的实质秩序中已经拥 61
有了它。因此，在社会主义秩序之中——例如对于马克斯·阿德勒（Max Adler）而言——根本不再可能出现离心离德的少数派。[④]

撇开其他一切针对马克思主义的批评意见不谈，恰恰在这个地方，恰因其彻底否定我们司空见惯的政治生活现实：一个活跃的

① Z. B. Herrn Eugen Dührings Umwälzung der Wissenschaft, Ⅱ, A.（Dietz 1921）,277.

② 在这一点上，马克斯·阿德勒在第三届青年社会主义者全国大会上的一段讲话尤为典型：**“除了科学，永远不会存在其他能够使人们头脑统一且使所有人的意志都团结到一个路线上来的手段，且该手段能够在该路线中成为永久动力。……所有观念只在一个领域中必然相互一致，只有一种强制性力量是任何人都无法摆脱的，这就是逻辑思维的力量。”**这就是说，科学真理性及其实现是唯一的整合因素。使用任何论辩术都无法否认的是，国家业已在此种唯智主义的理论中消亡。见 Richtig Adler, Staatsauffassung des Marxismus（Marx-Studien Ⅳ 2）, bes. 209 ff., auch 129, 146, 223, und passim。

③ 因此未来民主制的主要任务不在于政策，而是在于教育：das. S.185。

④ Staatsaufassung, S.197, Anm. 如果一种社会主义的理论因固化自身价值而批判资产阶级社会，且将一种在形式上具有全面能力的教育产品作为新式教育的目标，那么这种理论就脱离了社会主义的疆域。

因而富有争斗性的、在斗争中建构着国家的、使历史成为可能的意志的世界，“资产阶级”的国家理论不无自身的质疑。

仅通过一种整合性实质内容所达成的政治整合状态，只可能是反国家理论的对象——马克思主义的确希望成为这种理论——，或者乌托邦的想象对象。从根本属性上讲，此种状态是一种已经消失的或者未来的天堂。因此，所有千禧年主义的乌托邦(chiliastische Utopien)均含有拥抱浪漫主义的倾向。罗马教会在世俗世界中实现的历史事实与这一点并不冲突：一方面，罗马教会的整合体系并非纯由质的整合构成；另一方面，在罗马教会身上极具典型性的是，其自身的法体系和所有以其为母本的政治体系都是威权性的等级秩序，且此种秩序是从作为核心实质价值的承载者身上逐级推导而来的。就依据此种模式设计国家理论——也就是说系统性地把握国家现实——的正确性和可能性而言，近期出现的一个最为重要的作品——也即卡尔·施米特的国家理论——很有教育意义：它不是一种国家理论，而是法的理论，且就其前提条件来看也不可能成为其他类型的理论。因此丝毫不令人意外的是，马克斯·阿德勒在此种通过价值获得正当性的法律关系理论中找到了志同道合者。①

62 更为值得关注的是这样一个变迁：在我们的文化世界之中，人道主义中的人的价值已经让位于现代文明中的物的价值，这一变动也影响了不同国家性整合要素之间的关系，特别是议会主义的

① Staatsauffassung, S.193 ff.

颓败之势在很大程度上可以从中得到解释。[①]

对于其他真实的或者建构出的整合类型之间的更替顺序的例子——例如人们很容易就可以从各种阶梯理论中提炼出它们[②]——,本书将不做深入探究。尽管这些观察均有其各自的理据,本人依旧坚持这样一种观点:国家性结合体的统一性是以其所有的整合要素为基础的,也就是说基于其实质内容和意志生活,正如个人在其本人的生活中体验到国家统一性的达成正是在国家的功能运作中,以及在国家的历史记忆、时代使命和未来趋势等实质内容中。通过持续地和谐化这些各自不停变化的因素,精神价值规律的作用得到了印证。

无论人们如何看待法西斯主义,其显现出的一个长处是不容忽视的:法西斯主义极为清醒地认识到了全方位整合的必要性。在其拒绝自由主义、议会主义的同时却又大师般地操弄着各种功能整合,在其拒绝社会主义的质的整合的同时却又以其他的内容取而代之(种族神话、使命国家等)。

最后我们还需要再次强调的一点是,没有哪种整合类型是以纯粹的形态出现的。相反,一般总是这样一种或者那样一种类型在个案中占据优势地位。有时候不同的整合类型是作为不可分割的整体出现的,例如在政治成就的整合作用上以下两个方面因素贡

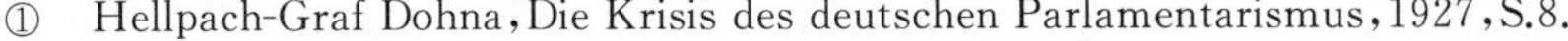

① Hellpach-Graf Dohna,Die Krisis des deutschen Parlamentarismus,1927,S.8.

② 马克斯·舍勒关于知识社会学的探索可以被看作这一方面的新近例子,见 Max Scheler, Versuche zu einer Soziologie des Wissens, S. 99, 109, Anm. 99 (gegen Engels),28,30,31 ff.,37 f.。在方法上令人比较忧虑的是其所采用的传统的对于观念因素和现实因素的提炼,见 S.9。

63 献是同等的[①]:获得共同观念地位的实质内容,以及对国家共同体在此获取过程中的艰辛历程的体验,或者至少是对国家机关以其为名义的行动的体验。[②]

*　*　*

整合的种类以及它们如何在相互作用中成为国家生活的整体,之前讨论这些问题时我们都是出于内政的角度,且就其一些重要的表现形式进行了一定程度的示例性说明。这样的研究方法显然会留下一个明显的漏洞。如果仅从这一个角度把握国家、政治和整合,将会忽视这一问题:成熟的国家生活体系与从表面上看与之差异巨大且遵循着与之迥异规律的对外政策的领域有何关系?一边是在外观上表现为一种权力的国家,也即一

① Kaum in Betracht kommend Norbert Einstein, Der Erfolg (1919), bes. S.50 f. Zum Verhältnis der Integrationsarten vgl. auch noch oben S.44 f.

② 不仅主要政治党派的宪法理论可以按照上文的方式被界定为不同的整合纲领——其区别产生于个别整合要素的运用与组合——,而且国体和民族国家的特殊类型也是如此。除了个别简单和属性明显的例外,例如罗曼民族特别偏好感官性、视觉性、节奏性的整合因素,民族国家的特殊类型极为复杂,很难被归结为一种简单的公式。尽管如此,这个问题还是值得研究一下的,特别是鉴于这样一种不清晰性:归结为个人主义或者集体主义的做法往往都是极为随意的。二者都是任何精神生活和政治个体的必要因素。卡尔·福斯勒(Karl Vossler)曾经极为精彩地说明,法国文化的社会性和可社会化的一面是多么强大,而法国的国家情感确是极为个人主义的,后者的原因在于,农民和小资产阶级对于客观法的体验完全取决于其个人拥有的可触摸的、有形态的实实在在的对象。法国人在凡尔赛缔约活动中无时无刻不表现出此种观念。与之相反,在法国人看来,尽管盎格鲁人是极为个人主义的,但在政治的角度上却是极其偏爱善良意志和相互协作的,这一点与在政治上为原子化的个人的法国人形成了鲜明的对比(A. Tardieu, Devant l'obstacle, l'Amérique et nous, 1927, p.53 s.)。

个团结一致的整体；另外一边的国家却隐身于各个因素和功能及其交互作用中。一边是外交权力斗争中的受制于他者或者说主宰他者（Heteronomie），另外一边却是国家性质自我决定的自主性（Autonomie）。一个方面因而表现为一种必要性，且在与另一方面的对立中能够对存在于后者中的自由起到限制作用，64
也即人们常常说起的**“外交优先”**（Primats der auswärtigen Politik）。

我曾经就另一个问题尝试过论证这一主张：政治生活是内政和外交的统一体，其统一性基础在于这两个领域均为国家个性的自我设定，也即整合。① 我在此仅对这一观点略作补充。

传统的关于内政和外交之间深刻对立性的观点，以及关于二者关系问题的观点（二者被认为属于相互迥异的世界和政治力量领域，其相互间的关系只能是相互影响的关系。换句话说，一方在通常情况下较之另一方的优先性）均有其特定的历史、实践以及深刻的理论上的前提条件。

就理论而言，外交优先或者内政优先之间的非此即彼关系的前提是，将国家实体化为一种权力或者将个人实体化为政治目的的终极承担者或政治生活的终极动力源泉这两种做法之间的非此即彼关系。有时国家及其权力关系被认为是政治事件的终极原因，这些事件在外交政策的角度上对内政起到决定性作用，特别是其对国体的决定性作用（这是德国历史学家用来为德国的君主制提供辩

① Kahl-Festschrift Ⅲ 17 f. 援引这一观点且在我看来是支持这一观点的有：Mendelssohn-Bartholdy，Europäische Gespräche，Ⅰ 168。

护的著名的、几乎流于陈词滥调的观点)。有时终极原因被认为是个人以及以个人为出发点的内政规划(例如和平主义意识形态)。

从精神科学的角度出发,这两种观点都是站不住脚的。第二种观点是占据主流地位的关系-交互作用社会学(Beziehungs-und Wechselwirkungssoziologie)的,个人在此种观念中是一种僵化的、实体化的关系承载者。因其在精神科学上的不可能性,我们已经在先前的一些地方对其进行过批判。第一种观点也是精神科学眼中的错误观点:这种观点也把政治主体固化为僵化的事物,以至于人们无法对其进行精神科学式的理解。当然,这些主体之间的
65 关系的确是精神交流和精神生活上的,也即互相形塑,自我规划也主要发生于此种关系之中。此种关系绝非实体化或独立主体之间因果的、机械的关系。[①]

照此来看,外交优先或者内政优先原则论据的理论前提都是站不住脚的,故而对于历史性和实践性的探讨理所当然的是(德国历史学和政治学的文献主要致力于解决这一层面的问题),特定现实情况才能决定到底哪种原则更有依据。在美国这样没有边患的国家,内政问题在这里显然要比在世界大战前后的德国那里占据更为重要的地位。对于盎格鲁式自我期许理所当然的是,“**民族的生活为国际关系定下调子和节奏**”[②],而德式外交政策与之相比则

---

① Vgl. vor allem die ausgezeichete Erörterung der „Verflechtung der Lebenskreise“ bei Litt[3] 379 ff., bes. S.381.

② Seely, International Journal of Ethics, Ⅰ 444 f. 令我感到困扰的是,这个作者的一个更为著名的但与之背道而驰的关于外部压力和内部宪法之间关系的言论如何与这一言论相统一。

显得是被动的、旁观者的和打肿脸充胖子的做派。[①] 与拥有稳定
宪法体制的国家相比，[②]在革命风云激荡和内政不宁国家中，外交
政策很容易为内政问题所决定。与这些可能性相比，更为本质性
的是这样一个论断：无论是内政还是外交问题，其就本质而言都是
国家整体的整合问题。为了能够回到之前论述的轨道上，我将按
照之前的观点在若干事例上展示这一论断的正确性。我首先想到
的是在帝国主义理论中人们广泛讨论的所有外交政策的无对象性 66
（Objektlosigkeit）[③]：莱茵河问题根本不是以莱茵河为边界的问
题，而是德意志民族和法兰西民族的整体地位问题；[④]一种一度设
立的总体外交线路往往在时间上会远远蔓延到其实际动因之外，
因为它已经成为了国家的一种本质属性，国家不可能走出其阴
影。[⑤] 依黎塞留之见，大国要比小国更为忠实于条约，因为大国更
为重视声望。[⑥] 这就是说，大国作为一种强大的存在是与其政策

① Statt Vieler als repräsentatives Beispiel Ruedorffers Grundzüge der Weltpolitik in der Gegenwart zu nennen.

② 俾斯麦多次提到君主制宪法是持续性外交政策的前提条件。见 etwa die Zusammenstellung bei Srbik Metternich Ⅱ 662 zu 551，auch 553 unten。类似的观点还有：只有能够掌控内部的力量，才有可能有效利用外交格局，也就是说内政问题决定了外交事务。见 H. Göring in „Die neue Front“ S.397。

③ Dazu Kahl-Festschrift Ⅲ 18.例如有人认为，当拥有众多国家的一个集团中的某国获得了某种好处，其他国家因此要求得到补偿，这并非是因为任何一个国家均应得到同样多的好处，而是因为否则的话为外交关系所决定的其他国家的属性将遭到破坏。对于无对象的外交政策和强调对象的外交政策之间的细致差异，见 Vagts Europäische Gespräche Ⅰ 261。

④ H. Göring，Die Großmächte und die Rhenfrage in den letzten Jahrhunderten (1926)，S.72.

⑤ Göring，a.a.O. S.80.

⑥ Meinecke，Staatsräson，[1]S.516.

一体的，是通过其具体政策显现、保持自身属性的。更为人所熟知的是，政治条约和格局较之经济政策更加难以变动，因为其在更深的程度上触及各个牵涉方的本质规定性。[①] 正因为其属于国家的本质规定性，国家的外交格局是国家荣誉度问题，也即国家的整合要素。[②]《凡尔赛条约》这样的不平等条约之所以是不道德的，正是因为此种条约不仅敲骨吸髓地压榨缔约的对方且在未经对方同意的情况下强迫其接受一种被改变的属性。与之相反，对于各个参与
67 方而言，俾斯麦在宪法上处理德意志和奥地利联盟关系的思想意味着始终或多或少为外交政策所影响的国家整体属性仅仅发生了数量上的变化。因此，健康的外交政策指引下的实践不仅仅是一种条件，同时也是一个民族健康的国家内政的要素。[③] 学界反对将政治事务分割为内政和外交这两大领域做法因而是极为正确的。[④] 内政的内容和国家的外交关系不是两个不同的部分，而是国家现实

① Zu erinnern an die berühmten Worte in Bismarcks Reichstagsrede am 11.1. 1887, bei H. Kohl, Polit. Reden, 12, 217.无法彻底排除的是，较之纯粹技术性问题的谈判，政治谈判正因为这一层缘故进行得比较有灵活性。京德伦关于《战舰协约》著名的论述，见 Jäckh, Kiderlen, H 50, 57。荣誉条款以及其他类似现象也可以在这一层关联上得到解释。

② Vgl. das Zitat aus Hegels Rechtsphilosophie, oben S.49, zu Anm.1.

③ Vgl. etwa K. Riezler in „Die deutsche Nation“ 1922, S. 991, und vor allem Mannhardt, Faschismus, S.88, 128, 39, 121, 119, 274f., 142 f.

④ C. Schmitt in Schmollers Jahrbuch 48, 2, S. 774 ff., Heller, Souveränität, S.118, Hauriou, Précis de droit constitutionnel(1923), 446, 397, Sieger a.a.O. S.11. 与历史学界的主流意见相反但立场极为坚定的有：M. v. Szczepanski, Ranks Anschauungen über den Zusammenhang zwischen der äußeren und der inneren Politik der Staaten, Ztschr. F. Pol.7, 489 ff., bes. S.620。这一点对于德国之外的国家来说是再自然不过的事情了。例如《国际联盟盟约》第 1 条第 2 款要求所有成员国家均应遵守自由统治原则，这个原则自然既涵盖内政也涵盖外交事务。

性和个性的两个要素。认识不到这一点，不仅会导致理论上的错误，也会引向实践上的歧途。例如，梅尼克认为伦理和政治问题仅仅存在于外交事务，而非存在于政治上的统一性，或者这个问题的真正核心之中：以实质内容的总体样态和各式各样的国民亲身参与为手段的政治性整合的动态生活。这两种手段能够取代争斗性势力的僵化形态。在后者面前，公理永远都是束手无策的。[1]

① Einleitung und Schluss der „Idee der Staatsräson“.

第九章　整合理论与国家理论

我并不主张以上论述拥有国家理论的地位，其连此种理论的梗概都算不上。撇开其作为初次建构梗概的不成熟性不谈，以上论述仅着力揭示迄今为止国家理论忽视的一个问题，且仅出于为宪法和实在宪法理论奠定基础这个目的。整合问题对于国家理论其他问题的意义，我留待今后的研究继续探讨。

与之相反，在此国家理论上的奠基性论述行将收尾之际，我打
68 算揭示其根本观念与古往今来的国家学说既有观点的联系。此种关系在总体上来看是批判性的，但在此过程中我间或也能遇到与之一致或者相近的观点。

首先，其与所有古代或以古代观念为基础的理论不存在任何契合之处。社会秩序概念的绝对固化性与本书所推崇的理解政治现象的方式完全背道而驰。此种观点坚信世界秩序在本体论层面的固化性，主张社会结构作为此种世界秩序最高等的外化而享有的神圣地位。[①] 这样的思维方式完全主宰了古代的和亚里士多德

---

① Statt Vieler Scheler, Die Wissensformen und die Gesellschaft, S.134. 罗马人在形式恒定性上的偏好，也即对于组织形态恒定性的偏好，同样也是一种与本书对立的思维方式。Vgl. z.B. B. K. Vossler, Die romanischen Kultur und der deutsche Geist, S. 23.

主义-经院哲学的观点，卡尔·施米特的国家学说是当下此种观点的典型。[①] 由此我们看到了两种截然对立的观点，二者之间的分歧不仅局限于是否应该现象学式地把握社会现实这个问题。下文还会论及这一观点对立。

与之迥异的是本书的基本观念与世俗自然法之间的关系，当然我指的是正确理解的自然法。后批判时代以降的国家和国家法学说的批判性矛头致力于澄清乃至清除由本体论、伦 69
理学、社会学、法学技术和朴素的现实主义构成的混沌状态，这样的做法当然无可厚非。然而，我们也应该认识到前批判理论中蕴含的全方位把握其对象的意图。以精神科学的尺度衡量，这样的意图是完全正当的，且恰恰是其长处之所在。[②] 国家契约学说不应该仅仅意味着和应被理解为神话式历史建构、国家批判的观念辅助设施，或者法律基础之创设，也应将其理解为一种社会学式，或者更确切地说是现象学式理解的尝试。奥里乌(H. Hauriou)在一个极为重要但在德国鲜为人知的研究中指出，卢梭所讲的公意(Volonté générale)是一种社会学意义上的现实(人们或许还可以对此提出补充意见，至少是用卢梭与之关联起来的一

① 即便卡尔·施米特的国家学说存在与本书相交叉的地方，本书的观点也是与其相对立的，例如在欢呼拥戴(Akklamation)这个问题上(Volksentscheid und Volksbegehren，S.34)。弗雷德里希·冯·巴登公爵曾听闻(这或许是后人杜撰出来的)弗雷德里希·威尔海姆四世说过**"帝位只能取之于沙场"**。以本书的观点分析，这样的表述意味着只有一个骁勇善战的军队及其背后的人民的胜利才能导致整合成为一个民族，只有作为此种国家整合的体现，帝位才是有意义的。从中我们可以看到一对对立的观念。古代军队中的欢呼拥戴作用在于往为森严的等级世界所决定的帝位推上一个特定的个人，而如今的推举拥戴则是后阶级世界中整合性的重新建构。

② Richtig Heller，Krisis，S.290 f.

层意义的要素），此种现实体现为一种一致的政治生活意志承载着一个国家。此种政治生活意志以一种无组织的方式发挥其作用，有时极为平静难以觉察，有时却（例如在波澜壮阔的民主国家的巨变时代）具有不可抗拒的颠覆性。此种政治生活意志虽不是直接统治着的，但对于统治而言是赋予正当性和导向性的。此种意志的对象是不得质疑的观念之整体、不得质疑的社会秩序之构成要素。[1]（除了其带有的一定反批判的政治观念的僵化性）这在一定程度上看就是整合观念，把国家现实看作一种总体体验、一种日复一日的公投。[2] 奥里乌正确地指出，这一点才是社会契约论的真实要旨；社会契约是运动的，它含有对抗自身僵化性的动态要素。[3] 基于世代流传下来的概念的僵化性，卢梭之前的自然法观念不可能具备此种动态性理念。然而这并不妨碍我们在卢梭之外的自然法学者那里探查出因国家契约的瞬时性而没有得到恰当表达的持续性共识的真实性。[4] 社会契约论蕴含的观念内容的丰富
70 性，远超越其最优秀的专家和最为杰出的捍卫者所知的范围：乌尔岑道夫（Wolzendorff）认为国家契约理念不过就是国家是人民的组织[5]这一古老的观念。这是一种犯了根本性错误的观点。如果

① Recueil de législation de Toulouse，2éme sér. t.8（1912），p.16 ss.，bes. p.17，20，23，24，29 s.，33，34.

② So auch Alfred Weber，Die Krise des modernen Staatsgedankens in Europa，S. 35 f.，Heller，Souveränität，S.82.

③ p.20，23 n.

④ 一个共识概念功能化的历史描述是极有价值的。有初步尝试意味的有：Braubach，Schmollers Jahrbuch 48，646。滕尼斯和奥本海默在使用这个概念时使用的都是静态的意义。

⑤ Widerstandsrecht S. 525. Viel zu eng（im Anschluß an das kritiszistische Mißverständnis bei G. Jellinek und andren）auch Scheler，Formalismus，S.545.

人们认为公意只是一种乌托邦，[①]那么公意观念就没有得到恰当的评估。假如人们追随被德国的批判性思维净化过后的方法论一元主义，那么所有德国前批判时代的观念将与所有外国的思想一样，均难逃毁灭的厄运。自然法学者在国家方面积累的知识远远多于拉班德和马克斯·韦伯，也远远多于自然法学的支持者、唾弃者和批判者，也远超以其为对象的历史叙事所能言及的。此种历史叙事永远摆脱不了堆砌陈词滥调的境地，只要其叙事被局限于将其素材投放至某种“纯粹的”方法设定的框架。这样的做法会使其丧失一切真实内容及其自身的尊严。

本书与德国古典哲学的契合之处可能需要人们进行更为深入的研究。在这里我仅以费希特关于“摆动”(Schweben)的独到论述为例。在其看来，“摆动”之中蕴藏着应由国家保护的对象，实项的整体观念(der Begriff des reellen Ganzen)、天下观念也于其中产生。其于1798年关于自然法的论述也推动了国家概念的动态化。[②] 此外值得一提的还有施莱耶马赫的“极点和震动哲学”(Polaritäts und Oszillationsphilosophie)，[③]黑格尔的“**生动的整体，存续也就意味着国家及其宪法的持续性重新证成**”、国家的“**有机的生活过程**”，[④]斯塔尔的道德国家的活跃性(对其观念进行的

① Thoma, Max Weber-Erinnerungsgabe, Ⅱ 57.-Allenfalls richtiger M. Adler, Wegweiser, S.23.

② Werke 3, 202, vgl. Metzger, Gesellschaft, Recht und Staat in der Ethik des deutschen Idealismus, S.178 ff.

③ Z. B. Metzger S.293 f., Holstein, Schleiermacher, an vielen Stellen.

④ Enzyklpäsie §541, Rehctsphilosophie §§271, 299.

狭隘的技术性理解不在此列)。[①]

71 就我阅读的范围而言,在19世纪中期以降的德意志国家理论中,本书所阐述的观念是独一无二的。[②]

它在方法论上的特殊立场,前文已经有所备述。这里仅需对其批判性面向进行进一步的说明。

本书的观念力图摆脱当下具有主宰地位的一个非此即彼的关系:要么是迄今为止的方法论的杂糅主义,要么是日益强化的对于过头的方法论上一元主义的偏好。

本书认为,未经批判反思的杂糅主义的错误根源于其对个人[③]或者社会群体[④]进行的实体化和孤立化,在于其机械主义的思维[⑤]和错误的空间图景,在于其杂糅了法学的-形式的概念技术和

① Z. B. Philosophie des Rechts³ Ⅱ 2,S.260 f.,455.

② 当然,下列作品带有类似的色彩:J. Fröbel,Theorie der Politik,Ⅰ 196 f., Adler,Staatsauffassung,S. 130 f., in A. Menzels energetischer Staatstheorie, nicht dagegen in A. L. v. Rochaus „dynamischer“(obwohl die „Realpolitik“ mit einem Kapitel vom „dynamischen Grundgesetz des Staatswesens“ beginnt)。我们还可以举出更多类似的例子,但没有什么实际意义。对于转向反静态的民族和国家的理论有决定性意义的有:M. H. Boehm,Rundbrief 4/5 des Instituts für Grenz-und Auslandsdeutschtum,Okt./Nov. 1926。维也纳学派所讲的**"国家躯体不间断地自我重生"**(z.B. Verhandlungen des 5. Dtsch. Soziologentages,S.52)显然与本书的观念没有任何关系。

③ 令人感到极为顽固的有:Haenel,Staatsrecht,Ⅰ 75;Hauriou a.a.O. p.144 n. Ⅰ。

④ 梅尼克一方面把国家理解为有机体和历史的圆极(Entelechie),另一方面又将其理解为形形色色的个人动机最终产物(a.a.O. S.12),也即梅尼克以一种独特的方式捏合了这两种思路。这两方面都有其正确之处,但是没有哪一个方面能够被处理得如此客体化和孤立化。毕竟,它们作为精神科学可能理解的对象只能被看作是一个整体的构成要素。

⑤ 在德国,司空见惯的领袖意识形态就属于此类。

朴素的本体论。例如统治和共同体这一对众人偏爱的概念就羼杂了混沌的空间图景、法律技术上的、法律理论上的、伦理评价性的和心理性的要素。如果不是用于形象化地描述一种生活样态（如同基尔克关于德意志法和社会理论的宏大理念），而是辨析概念的 72
场合，这样的概念将会是极为危险的。在后批判时代的德国学术中，像奥里乌那样可投射进国家法、心理学和物理学的极富创建性理念的理论的特殊力量，是令人不可想象的。此外，此种理论往往以一种静态文化秩序为前提，但这对于我们而言是不存在的。[①]

尽管就此展开的批判运动是正当的，但其方法论上的一元主义对于国家学说却是极为危险的。格奥格·耶里内克的做法在这一点上极具典型性。耶里内克将之前关于国家作为精神世界之一部分的思想拆分为两个部分：一方面是正当性和目的问题、规范性判断的可能性问题，另一方面是目的理性层面的现实。以这一拆分为基础的关于国家现实的学说必然以能够因果性地认识其对象为前提条件，[②]且在此基础上将国家理解为服务于所有永远都无法明确化的目的的技术性混杂物，以及将国家的现实性理解实现这些目的的“机会”。至于国家的本质和实体是什么，这个学说未置一词。此种学说将国家分解为各种关系，仅依据国家的技术性手段定义国家。[③] 此种学说实际上完全为自由主义的拒斥国家态

① 关于这一点，见前文第 76 页。

② Über Max Weber in dieser Beziehung Troeltsch Ⅲ 566 ff. Dagegen dieser Verlegenheit gegenüber dem eigentlichen Wesen des Politischen C. Schmitt, Arch. f. Soz. Wiss. U. Soz. Pol. 58, 31 Vgl. die von vornherein verfehlte Alternative bei G. Marck, Marxistische Staatsbejahung, S. 11.

③ Sehr richtig M. Adler, S. 142 f.

度所主宰。自由主义根本无视国家的本质性问题,[①]故其关于国家的理论永远摆脱不了作为一种技术的国家或者作为一种更低程度的恶的观念[②]的窠臼。作为一种技术或者作为一种运营的国家,这一马克斯·韦伯政治的特别是宪法学的核心观点标志着战时和战
73 后若干年份中德国政治文献中最为重要的一个现象:根本毫无用处的"非政治性观察"。在方法论层面孜孜于批判性思维者对精神科学式研究工作极尽嘲讽之能事,[③]其自身提供的却只是空谈玄论,而不是其有义务且有能力提供的真知灼见。在马克斯·韦伯的衣钵传人那里,技术性国家观念已暗中沦为极为机械的,而且还催生了那种其构成部分被卡尔·布林克曼(Carl Brinkmann)一针见血地称为"**以平等思想为基础,以领袖思维为动力**"[④]的民主理论。最

① Gut z.B. C. Schmitt, Geistegeschichtliche Lage, S.7 f.

② Max Weber passim, besonders in „Parlament und Regierung im neugeordneten Deutschland". Ich zietiere gleichgestimmt Th. Mann, Betrachtungen eines Unpolitischen, S.269, Kelsen, Wesen und Wert der Demokratie, S. 17, Anm., Marck, Substanz-und Funktionsbegriff, S.153 f. Die entsprechenden Orakel des George-Kreises, z.B. Gundolf, Nietzsche als Richter, S. 23 f., stellen sich bei Tageslicht meist als badischer Vulgärliberalismus heraus.-Vgl. auch oben S.51 f.

③ 例如(由韦伯-托马的立场所导致的)对国家理论的科学品格的质疑就是其表现之一(Vgl. Handwörterbuch der Staatswissenschaften 4 Ⅶ 728)。

④ Demokratie und Erziehung in Amerika S.88.海尔巴赫关于"议会的黄昏"这一极富才智的论述体现了基本概念的缺失所导致的后果。在应该分析政治制度的整合力量之处,这个论述忽然跳转入一般精神史特别是艺术史的轨道。作为"门脸"的议会与基于观念史上的关联而引入考量的文艺复兴时代和古典时代建筑学的门脸属性没有任何关系。这是因为,有整合能力的议会根本不是门脸,而是一种有活力的、运转自如的整合方式。同样,君主制也不是巴洛克的功能(S.347 ff.),而是无限延伸的精神状况的政治生活形式。新近的艺术史在展示政治生活形式方面多有贡献,将艺术史的认知运用于自身的论述,由此可以使人窥见对真正自身根本认识的缺乏。

后还应指出的是，威泽尔的《权力的规律》之所以一无是处，原因正在于其自身的机械主义思维。

本书所从事的研究意在为一种精神科学的国家理论开辟道路，为此，本研究以黑勒正确地指出为人所忽视的“**以达成总体行动的统一性作用为目标的个体意志的共同体化**”[①]问题为研究对象。在 74
此研究过程中，与卡尔·施米特竭力批判的浪漫主义和辩证的自由主义观念有所交叉，是在所难免的。在另一方面，将会不可避免地与卡尔·施米特发生观点分歧的地方在于，在卡尔·施米特看来属于首要问题的正当性问题的重要性在整合理论中有所下降：整合理论能够提供一种基本上不以其他价值特别是法律价值[②]决定国家本质和正当性的理论，基于整合体系的（特别是质的整合的）灵活性，这种理论能够适用于所有“基本模式”或者“优先性因素”[③]各异的文化体系。如果说施米特和黑勒在法学上指出主权性“决断”（Dezision）是国家问题的核心，那么本书则尝试在精神科学的角度上证明此种决断的现实是一种政治上的自我塑造（politische Selbstgestaltung）。

*　　*　　*

本书论述的观念不仅对德国人而言是极为陌生的，对于外国

① Souveränität，S.83，vgl. auch Kelsen，Staatsbegriff，S.9，Anm.1.

② 施米特特别强调这一点，黑勒也是。从上下文可以看出，本书并未否定“国家的权威与国家的价值之不可分割性”（C. Schmitt，Diktatur，Vorbemerkung，S.XI f.）。

③ 这里借用了下列著作的表达方式：Rathenau，Briefe Ⅰ 142；Scheler，Die Wissensformen und die Gesellschaft，S.36 ff.，109 ff. 134。

人而言也是如此。这一点都不令人奇怪。外国国家理论相对来说较为朴素且没有什么争议问题。此外，外国国家理论是以英格兰、法国和美国强有力的、朴素的民族国家统一性的理所当然性为基础的。德国恰恰缺乏这一前提。从另一方面看，在一个国家整体与成员国家之间的关系极为紧张的联邦国家中，思考所有国家秩序的整合意义问题是极为必要的。

第二部分

宪法理论

第一章 宪法本质

从上文阐述的国家理论梗概中，可以引出解决任何个别国家 75
理论问题的前提条件，而且还可以从中得出一种相当独特的宪法理论。

主流学说将宪法（Verfassung）理解为团体的意志形成（Willensbildung）及其成员法律地位的秩序，将国家宪法（Staatsverfassung）理解为关于最高国家机关（组建、相互间关系、职权）以及个人相对于国家享有的根本地位的法律规定。[①] 宪法为国家配备好机关，且使其具有意思能力和行为能力，国家通过宪法获得法律人格。[②]

与此种实证主义和形式主义法学截然对立的观点则将国家总体政治生活的（并不一定是法律意义上的）法则视作国家的宪法。拉萨尔（Ferdinand Lassalle）著名的表述是最极端的代表：较之成文宪法的白纸黑字，一个国家的实际权力对比关系才是国家的真正的宪法。[③] 雷德斯罗普（Redslob）在为有机体输入动力和调整有

---

① G. Jellinek, Staatslehre, I[3] 595.

② Fleiner, Institution,[3] S.30.

③ Über Verfassungswesen, 1862.

76 机体和谐运作的法则中探寻宪法的终极问题，[①]也即宪法的独特意义。这样的做法朝着真理的方向迈进了一步。然而，他却沿袭18世纪的思路，在一种机械主义平衡结构之中探索此种法则。针对“有活力”的实在宪法(Verfassungsrecht)，考夫曼主张应该研究**“真正具有决定性作用的社会力量”**，也即作为有活力的实在宪法的**“真正意义上的塑造者和改变者”**的议会和政党的实践。在他看来，此种力量在各个国家均有独特的结构和心理特征，是所有民主国家宪法个体特性的真正基础。[②]

耶里内克是第一个深入研究此问题之人。[③] 他认为问题的核心在于，**“法律规定无法实际上主宰国家权力的分配”**，**“实际的政治力量依据自身的法则运动，而此种法则作用的发挥是不依赖于任何法律形式的”**。[④] 只要此种力量有能力推动宪法的变迁，那么它就是法律创设性的。此种力量属于实在宪法特殊法律渊源的学说范畴，毕竟通行的法律渊源学说并不包含此种类型。[⑤]

这也就是说，要么是令人忧虑的**“现实的规范力”**(normative Kraft des Faktischen)在宪法领域中大行其道，[⑥]要么是成文宪法与“实际”“社会”力量之间极为不明晰的并列或者对立关系。

这个被正确地发现但未被正确地界定的问题是宪法理论的核

① Die Parlamentarische Regierung, S.1.

② Die Regierungsbildung in Preußen und im Reiche, „Die Westmark“, I, 1921, S.207.

③ Verfassungsänderung und Verfassungswandlung, 1906.

④ S.72 a.a. O.

⑤ So etwa S.2.

⑥ 显而易见的是，耶里内克所做的只是对重要情形和类型的描述，而非提出一种理论，更不是一种法学的理论。见Jellinek, a.a.O.。

心问题。这个问题不属于“应然”(Sollen)与“实然”(Sein)、“意义”(Sinn)与“生活现实”(Lebenswirklichkeit)之间的紧张关系这一一般性精神科学问题的适用领域。这个问题也不是法律渊源理论的问题。相反，这个问题是国家的特殊本体问题，更进一步而言，这个问题涉及的是这一特殊本体作为宪法的法律调整对象问题。

首先，这个问题不是普遍的、令所有精神科学犯难的生活现实 77
与意义秩序的对立问题。当然，这二者是任何精神现实都具备的要素：一方面是其具体生动性、心理物理学的和受时代制约的实际性，另一方面是与时间无涉的意义性及其实质的、内在的、理念性意义结构。所有关于精神生活的学科均会错误对待其研究对象，倘若将徒劳无功的——因为只是保留给自然科学的——方法论一元主义奉为圭臬，要么活力主义和有机体主义式地仅将现实生活之流本身作为研究对象，要么理念主义式和体系性地——正如维也纳学派的规范逻辑主义所做的那样——仅将时间无涉的理念内容作为研究对象，而不是在无穷尽的思维摆动中，同时从生活秩序和意义秩序这两个方面把握其研究对象。[①] 这里涉及的问题是国家宪法作为理念性意义体系(ideelles Sinnsystem)的统一性问题。在理解这一体系时，除了成文宪法文本本身，也应将那种“社会力量”纳入考量。因而，这里涉及的是精神科学的一个特殊领域的一个特殊问题。

法学上的一个泛泛的权衡也无法解决这一问题。例如人们会认为，如果某一法律规定只涉及一个具体情形，那么它就不会陷入

① Im Anschluß an Litt[3] 373 ff.

适用于众多情形的抽象规定与具体个案个性的冲突，这一作为此种情形的个别法（individuelles Gesetz）的法律规范自始就被人们赋予了灵活的意涵，故而应该灵活地解释它。① 这样的看法之所以行不通，乃是因为宪法中含有为数不少的规定，就其规定内容来看，即便面对变幻莫测的社会力量也必须刚性地和毫无变通地理解它们，例如基本权利规范，例如对超国家-普遍性法律准则和少数群体权利起到实在法化作用的规范。即便与国家的个体特性或
78 者多数派意见发生冲突，这些规定也应该依然有效。然而，当涉及宪法某些特定的部分时——特别是在民主化了的国家②——，情况则与之完全不同。此种另当别论的特殊性并非基于宪法作为个性法的属性，而是源于宪法调整对象的特殊性。

宪法是国家的法秩序，更确切地说，是国家生活的法秩序，国家在此生活中才能获得其生活现实性，③也即在国家整合进程中。这一进程的意义在于国家生活整体持续地重新构建，而宪法是关于这一进程各个方面的法律规定。

国家的存续自然不可能仅依赖规定于国家宪法中的生活要素：为了能够真正在政治生活中得以贯彻，宪法必须充分认知这一生活的动力之源和种种社会动机，以便对自身加以补充。那些被宪法本身调整过的国家的生活功能也有可能没有彻底地为宪法所调整。与所有政治生活一样，这些功能也来源于所有个体法律人

① 在这里我将搁置这一问题：是否可以在另一个方面将宪法理解为胡塞尔所说的抽象规制的情形？见 Husserl，Rechtskraft und Rechtsgeltung，S.171。

② E. Kaufmann a.a.O.

③ Vgl. oben S.57 f.

格构成的总体，且无时无刻地共同作用于超越个体人格的国家总体。数量不大且以在第三、四手来源那里一再进行的刻板的继受(Rezeption)为基础的宪法条文，很难彻底把握和规范这样一种生活形态，至多只能对其进行泛泛的勾勒。就整合力而言，这些条文的作用可能只是激发性的。宪法的规定能否带来充分整合的结果，取决于全体人民所有政治生活力量的作用。在政治生活之流中，这一必须促成的结果之达成，往往并非沿着完全为宪法所规定的轨道：与更为忠于条文文义、在结果上却缺陷重重的宪法生活相比，实现为精神价值规律和宪法条文所同时设定的整合任务尽管可能会偏离宪法文本，但更为符合宪法的意志。

因此，宪法真正的意义在于，其意图并不局限于各个细节，而
是涵盖了国家的全体以及国家整合过程之全体。这一全体性不仅 79
许可那种远远有别于普通法律解释的宪法解释，而且这甚至是其本身的要求。

宪法无须为此进行专门的授权。宪法制定者无须意识到一部宪法在精神规律上的意义，正如个人无须意识到其精神生活的意义关联，特别是其政治生活作为国家整合进程要素的意义。一般而言，往往是其他关于宪法任务的教条性观念催生了宪法——虽非深思熟虑，但完全清楚地意识到这一任务的现代宪法在我看来只有《北德意志邦联宪法》。[①] 然而，这并不妨碍在此之外的规范性内容的准用性。之所以不会妨碍，其原因寓于两端。首先，基于精神价值规律性及其对于民族发展意志的作用，且在人民政治素

① 下文还会回到这一点。

养的影响下，被规定的整合体系会自动通过自发的规范创制（政党、惯例等）实现自我补充；其次，无论其立法者是否有意识和有意图，被规定的制度本身也会进入使命性意义关联，将其作为自身发挥作用的指南，并依据自身承担的此种使命进行自我补充或者自我修正，而且这在法学上也不会造成什么特别的问题。成文宪法内在和理所当然的意义恰恰在于应该具备此种弹性（Elastizität），其体系可能会自动地自我补充和变迁。只有充分考虑到此种弹性、变迁和自我补充的能力，其体系在意义规律的作用下在此基础上已经发生的、现实的、具有补充规范的作用的变迁和扩展，才有可能全面理解宪法所意欲的和被其调整的对象——也即实际的整合体系——以及宪法自身的客观意图。

宪法只能刻板、一鳞半爪地把握其对象，[①]这不足为奇。这既
80 不是一种缺陷，更不是一种指责。宪法只能且只意欲（至少是在客观意图上）采用约略的表达方法，而且宪法往往还要采用继受这种传统的方式完成此举。[②] 因此，与必须抽象地规制不确定多数个案关于低等级社团的法律相比，宪法并不要求与之具有同样僵化和他律的效力。宪法生活仅能为个别规范零星地加以规制的总体整合趋势，以及宪法生活在自我塑造方面的偏好，被宪法赋予了自由发挥自身作用的广阔空间。当然，那些宪法对宪法生活做出严格规定的情形则不在此列。在这一种情形中，宪法意欲作为宪法

① 考夫曼针对成文宪法的“条文大厦”，特别是针对《魏玛宪法》所作的尖锐批判可能并不公允，见 Kaufmann，a.a.O. S.207 f。

② 关于继受在精神生活中的意义，见 Litt[3] 181 f。

生活严格他律的规范，[1]且只能为新生的真正意义上的习惯法所废除。

*　　*　　*

宪法的这一层意义意味着宪法需要一个自身实质的生活领域作为其对象和任务，如同其他法规范体系那样，都有一个自身实质的生活领域。这一层意义也意味着摒弃规范逻辑主义的一种做法。规范逻辑主义企图将宪法界定为所有法秩序的根本要素，使其成为法秩序的效力基础。[2] 这样的做法不仅严重歪曲了宪法的意义，也冒犯了法和法理念的尊严。此种宪法“理论”已经多次被人们有力地驳斥。然而，只有提出宪法自身独特任务的实实在在的证据，驳斥才是彻底的。

作为实在法的宪法不仅是规范，同时也是现实。作为宪法的
它是整合性现实。在历史上，宪法的此种现实性表现为现代立宪 81
主义宪法对如同一盘散沙的德意志国家的影响。[3] 宪法是一种持续的、日常的现实，是所有法律共同体最突出的具有无可置疑的整合作用的典型，这都极易证明。[4] 然而，若是以主流的机械主义社会学或者规范逻辑主义为辅助手段，那么人们必然根本无法体察

① 耶里内克所举的例子显然不属此列，它们实际上属于为宪法所激发或者至少可以说为宪法所允许的整合过程的自我塑造领域。

② 胡塞尔在宪法概念上也持此见，见 a.a.O. S.73。

③ Z. B. Fr. Hartung，Deutsche Verfassungsgeschichte，S.17，u. Anm.

④ Vgl. die Andeutung oben S.12 ff.

到这一点。

持续性地重新产生此种现实性，依赖的不是宪法作为国家生活的“**安定性和稳定性的要素**”这一层属性，①而是永远更新着的宪法生活。这一点与其他群体的组建并无不同，例如集会。在集会中，形式主义法学的静态思维只能看到主席团的选出、会议规程的颁布以及会议召开的宣布。然而，在这些技术性意义之外，集会还具有更为重要的实际意义：集会不仅为主席团和发言人设定义务，也实现了从所有成员之前的孤立性存在中产生集合状态下的团结性的过程。所有集会的参与者都会毫无例外地真切地感受到这一转变，体验到这个过程是一个贯穿到所有细节的统一过程，体验到这个过程在整合为一个群体上的意义。所有人汇聚一堂的意义就在于组建一个群体，以群体的名义行动。然而，令所有集会的

82 领导者都心知肚明的是，集会不可能像上足发条的钟表一样，可以通过创设行为一劳永逸地使其运转起来；相反，创设行为时时刻刻都在进行着自我更新，整合性力量无时无刻都在发展着、变化着和发挥着作用(主要通过机关和发言人的活动依规进行)。这就意味着集合起来的团体及其机关的规范或者宪法不是一个自足的、持

① 例如广受欢迎的三权分立学说就是这般看法，见 Montesquieu esprit des Iois Ⅲ 1。将其贯彻于法学的有：Flener，Institutionen des deutschen Verwaltungsrecht[3]，S.3。比较有意思的问题是，德国的学说何时摒弃了这个观念。在青年黑格尔(System der Sittlichkeit，Schriften zur Politik und Rechtsphilosophie，hrsg. v. Lasson，Philos. Bibl. Bd. 144，S.467)那里我们还能发现其踪迹，在《百科全书》(第 536 章：“**其内在结构的形塑是各个部分互相关联着的发展**”)和《法哲学》(第 271 章：“**国家在其自身的组织中和有生活的过程中将自己区分为不同的要素，并使其各自存在。**”)那里就已经踪迹全无了。

续的存在者的规则及其对外作用的规则；相反，它们是创建和持续性地更新和再造此种存在者的形式。

因此，建立一种新的政治生活形式和整合一个民族被冠以与组建一个集会相同的名称，[①]具有充分的理由，绝非偶然现象。正如之前已经提到的那样，自然法的国家契约理论的社会学意义正寓于此中。正当性理论、古代的开创帝国和维护帝国同等重要的信条，也能在这一点上找到自身的合理依据。

* * *

揭示宪法与实在宪法的整合意义同时也为确定二者在其他关联中的定位奠定了基础。

无论国家目的理论怎样一再变化，传统的将国家目的三分为法的目的、权力目的、福祉目的（Rechts-，Macht-und Wohlfahrtzweck）的学说因其内在正确性一再得以贯彻。[②]这是一种国家理论无法回避的学说，也不只是法学理论不可或缺的学说。只有遵循此种学说，人们才能正确地认识较大法律部门的意义。詹姆斯·戈尔德施密特（James Goldschmidt）关于行政刑法的一系列作品充分展示了这一点。之所以这样认为，原因在于这

① Vgl. auch die „Ordnungs“-oder „Richtungsnormen“ bei v. Marschall, Vom Kampf des Rechtes, S.116, 12.

② Kriminelles Unrecht, Staatsrecht und Völkerrecht, Hamburgische Schriften zur gesamten Strafrechtswissenschaft Heft 7, S.21. 这个文献在其针对戈尔德施密特所作的批评中完全误解了整体语境。

些作品中的一个核心思想：在作为公刑法的主宰者的法的价值
83 (Rechtswert)之外，同时还存在着公共管理本身也即行政管理价值（Verwaltungswert）这一公共职能专有的主宰性原则(regulatives Prinzip)。[①] 不过此种价值与所谓的福祉目的并没有本质上的区别。在上述两种价值及其相互间的关系之外——只有固执的唯名论者可以逃避清楚辨析它们的任务——，还存在第三种价值，此种价值的特殊性恰恰也通过其在法律问题上的可投射性表现出来：只有以此种价值作为审视的角度，某些法律职能的意义才能变得清楚明白。维格勒(A. Wegner)在某些司法职能的特殊性上令人信服地证明了此种价值的存在：针对特定战争罪行、间谍、充当法国志愿兵之人的刑罚，[②]海军军事法庭、临时军事法庭、特别法庭、捍卫政体的特殊法庭以及引人注目的苏维埃司法制度的特殊性等。在专政及专政行为中，在《帝国宪法》第 48 条意义上的措施与专门意义上的法规范和国家行为之间的差异中，卡尔·施米特揭示了此种价值。此种价值涉及的领域实际上更为广阔，它是国家作为一种统治的价值，用耶里内克的话来说，是“**国家的维系和壮大**”，在本研究的语境中，它就是国家的整合。整合价值(Integrationswert)是与法的价值和行政管理价值相并立的同等重要的价值，认识到其主宰性原则的地位，是理解所有与之相关的现象，特别是理解宪法以及宪

① Veröffentlichungen der Vereinigung der deutschen Staatsrechtslehrer, Heft 1, S.101, vgl. S.96 ff.

② a. a. O. S.256.

法含义的基础。[①]

在这里，我仅能略微点出法学理论和国家理论在这个问题上 84
的任务。一个显而易见的事实使这一任务的完成变得复杂：没有任何一种国家职能，也没有任何一种国家制度纯粹地、完全地为上述三种价值中的一种所主宰。[②] 因此，对于理解公法的任意规定而言，特别是对于在国家理论的层面理解公法上的制度和状态而言，于各种情形中认清到底何种价值占主导地位是极为关键的。在下文中我还将讨论具体的适用情形。

* * *

与其他团体的宪法相比照，人们可以一窥此种以整合价值为指针、作为整合秩序的国家宪法观念的首要和根本的特点。

这里无须全面讨论区分国家和其他团体的标准问题。然而，

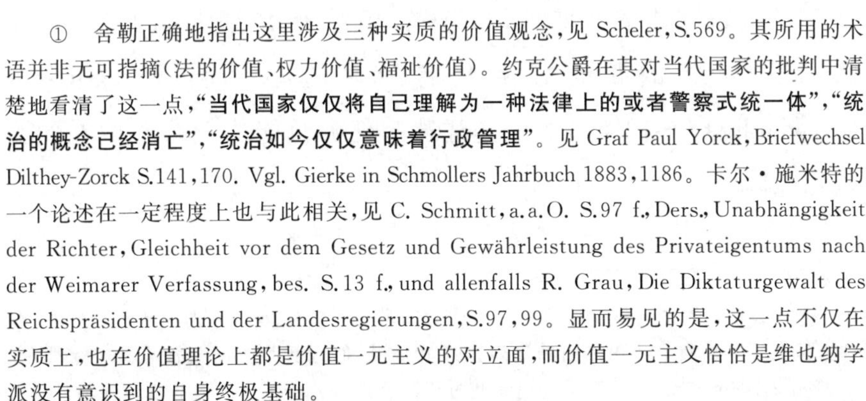

① 舍勒正确地指出这里涉及三种实质的价值观念，见 Scheler，S.569。其所用的术语并非无可指摘（法的价值、权力价值、福祉价值）。约克公爵在其对当代国家的批判中清楚地看清了这一点，**“当代国家仅仅将自己理解为一种法律上的或者警察式统一体”**，**“统治的概念已经消亡”**，**“统治如今仅仅意味着行政管理”**。见 Graf Paul Yorck，Briefwechsel Dilthey-Zorck S.141，170. Vgl. Gierke in Schmollers Jahrbuch 1883，1186。卡尔·施米特的一个论述在一定程度上也与此相关，见 C. Schmitt，a.a.O. S.97 f.，Ders.，Unabhängigkeit der Richter，Gleichheit vor dem Gesetz und Gewährleistung des Privateigentums nach der Weimarer Verfassung，bes. S.13 f.，und allenfalls R. Grau，Die Diktaturgewalt des Reichspräsidenten und der Landesregierungen，S.97，99。显而易见的是，这一点不仅在实质上，也在价值理论上都是价值一元主义的对立面，而价值一元主义恰恰是维也纳学派没有意识到的自身终极基础。

② 耶里内克曾说过（Jellinek，a. a. O.）：**“所有国家行为均包含维持和壮大国家这一因素。”**

从国家的特殊地位出发，我们至少可以确定两点。首先，与大多数其他团体的存续有所不同的是，国家的存续并不为一种国家之外的力量所保障，国家的运行并不是为身处国家自身结构之外的“发动机”或者法官所维护的，国家也不为一种自身之外的原因或者保障所支撑。相反，国家只能基于客观价值规律性在以自我为中心
85 的整合体系的运转中实现国家整合——在这一层意义上，诸如孟德斯鸠、联邦党人、雷德斯罗普的以机械上的特殊性为基础的（尽管威尔逊无可辩驳地指出其为牛顿时代的）国家建构是为现实所作的一种恰当类比。[①] 因此，与一个协会章程的作用迥异的是，对以自我为中心运转的、不为外在力量所保障的宪法生活而言，国家的成文宪法至多只是一种激发因素和限制因素。此外，基于根本的精神的规律性，于此种整合体系之中一再重新形成的身兼“**全方位的决断统一体**”、[②]形式性统治和终极秩序捍卫力量三种属性的国家主权性“决断”（Dezision）是必要的，而其他团体总体上而言只是服务于个别特定实质目的的可有可无的手段。以上两点奠定了国家宪法的特殊地位：首先，相对于其他团体的可有可无性，宪法承担的整合任务具有绝对的必要性（kategorische Notwendigkeit）；其次，宪法完成这一任务只能依赖自身内在的力量和保障。

---

① 黑勒可能也持有这种看法。他认为国家与其他团体的区别在于，实现国家的行为是在某一领域上共同作用的保障。这就是说，他也认为国家是没有外在保障的。见 Heller，Souveränität，S.81。马克有些过于泛泛地将公法团体的自身规律性与其属性为法秩序的“人工作品”的私法上的团体相对立。见 Marck，a. a. O. S.123.

② Heller S.102.

*　　*　　*

本书提出这种宪法学说主要因其精神科学的问题意识而与主
流的宪法学说相对立。因此，本书的宪法学说必然反对一切仅将宪
法视为服务特定目的和机械主义客体化的技术设备，确切地说主要
是反对马克斯·韦伯[①]的宪法理论（例如此种理论认为选出合适的
领导人是宪法唯一的意义[②]）。本书同样也反对仅仅因技术性目 86
的的同等性就将国家宪法与其他团体的章程等同视之的观点。[③]
本书的宪法理论对抗一切将宪法实体化的做法。正是基于此种做
法，古代现实主义才能将宪法和国家视为同一。[④] 本书的宪法理
论驳斥一切空间化的思维。将宪法视为相对于国家职能而言的保
障安定性的静态秩序，将被视为业已存在的宪法因素机械地拼接
起来的观念，[⑤]在上述因素之间分配被视为业已存在的权力的图
景，[⑥]都是以这种思维为基础的。所有逸出说（Emanatismus）的背

① 特别明确地有：Ges. polit. Schriften S.128，469 f.。

② 令人难以理解的是，像雅斯贝尔斯这样高水准的思想家居然也会接受一个对于古人而言理所当然的原理：**“公共秩序的理念是最优秀者的统治。”**（Karl Jaspers，Idee der Universität S.28，auch Simmel，Soziologie，S.238）这可能是马克斯·韦伯的影响所致。这个原理以古代静态秩序的存在以及将政治任务视作最普遍和最高等级的事务这一观念为前提。针对这个原理的理性主义的变种所作的尖锐但正确的批判有：Kelsen，5. Dtsch. Soziologentag，S.114。

③ Kelsen，Demokratie，S.17，Anm.

④ Aristotels Politik 3，4，1276 b，und danach Redslob，Abhängige Länder，S.41，Anm.1.

⑤ Wieser，Gesetz der Macht，S.107.

⑥ Wieser S.48 f.

后也都跳跃着这种思维的影子。所有的逸出说都将国家权力汇集于某一承担者之身，权力的行使则为这一承担者允许的逸出使然。这就意味着，在普遍流行的君主主权和人民主权观念的背后也隐藏着这一种思维。此种空间化、静态的思维可能是传统的统治者主权学说[1]的后果，同时也有可能是1919年继受的宪法模板的僵化性后果。即便如此，法学上的考量也不能以此为基础，[2]假如人们不想与宪法真正的对象失之交臂的话。

87　国家宪法在对象和内容上有别于其他团体和联合体的章程。如果后者调整了团体的意志形成和领域划分以及成员的地位问题，[3]那么法律和司法强制手段中的他律机制在这些关系上的运用保障了团体的存续。国家宪法必须在其游移不定的(freischwebend)整合因素的体系中寻求内在保障，规定国家的目的或者行动领域以及成员的地位并非根本性要求，国家形式上的存在和生活以及保障此种存在和生活才是目的之本身，故而其为宪法唯一的根本任务。

因此，所谓的国家“要素”(Elemente)并非通常宪法所调整的

---

① 人们不能不假思索地如此认定当下主流的国家学，如黑勒(Heller，S.71)所做的那样。

② 在这一点上至少是令人费解的，见 E. Kaufmann，a. a. O. S.207 f.。

③ So Jellinek，Staatslehre I³，S.505.值得注意的是他本人在勾勒宪法内容时偏离了这种看法。

对象，例如创设性地（konstitutiv）确定国界。诚然，国土是国家最为根本的实质性本质的具体化，因而许多宪法在开篇条文中对其做出规定，就像团体章程规定团体目的所采用的方式那样。然而，团体章程对团体目的的规定是创设性的，而对国土做出规定一般而言不具备此种效果。国土是在与邻国的关系中通过国际法确定下来的，大多数的宪法故而并不对其做出规定。

“国家要素”[①]中人的要素同样如此。国土实际上已经决定了谁属于某一国家。获取和丧失国籍的技术性细节不是涉及国家本性的问题，它们本质上属于专门的技术性立法问题。同样，对于国家而言，国家属民的成员地位并非首要问题。国家不是基于其成员的地位或者其成员的权利而存在；相反，国家就是目的之本身。宪法通过诸如基本权利清单这样的手段规定成员的法律地位，意在通过实质因素、一种特定的法治国和文化的属性建构国家。宪 88
法上的基本权利绝非类似于社团章程中关于成员地位的规定。

情况有所不同的是机关、形式上的职能和实质性任务。它们均为宪法主要的构成部分。国家存活于机关的组建、机关的存在和机关依照宪法开展的行动中，国家在其中被人员性地整合了；在形式上的职能中，蕴含了作为一种过程的国家生活以及国家的功能性整合。国家的第三种建构共同体的要素寄身于国土、宪法规定的国家性质、任务赋予国家的实质内容中，但后两者的整合意义相对较弱。整合性要素必然寓于国土中，而面对人员性-机关性以

① 必须再次强调的是“国家不是由人构成的”这一观点，黑勒就持有此种正确观点（Heller，Souveränität，S.81）。

及功能性整合之时，后两者的整合作用将会隐而不彰。然而，所有这三类因素均为宪法的实质内容，均为实质性的法。在魏玛时期，有一位重要的民法学者将宪法第一部分视作形式性-机关性的法，将第二部分视作实质性的法，此种错误观点的根源就在于没有正确认识到宪法的这一特性。①

① Düringer，11. Juli 1919. Berichte，S.1496.人们其实更有理由将整个宪法视为宪法序言中最高位阶的原则和第 1 条到第 3 条的施行规范。见 Näheres dazu unten S.159 f.。

第二章　国家机关

宪法及其作为精神现实生活的首要部分是国家机关。

长久以来，德国理论作品在机关概念方面基本上只讨论其形式性法学意涵。不过人们长久以来也持有一种正确的批评意见：耶里内克将国家机关学说排除在国家社会学（Soziallehre des Staats）之外，仅将其视为法学问题，尽管他本人十分明了此种社会角色（soziale Figur）的精神现实，且对其不无重视。如果仅以法学的机关概念为依据，那么人们就会误解甚至错误地解释成文宪法。

对于在国家机关中只关注法律行为之意志机关的主流学说而
言，法律行为意义上的（最宽泛意义上的）活动、程式化的国家职能 89
是首要的，而组织（Organisation）问题是第二位的，仅仅是服务于法律行为上的（或者用凯尔森的话来说，创设法律和国家的）意志形成这一首要目的的技术手段。完全贯彻此种观点的宪法必然将关于国家职能的规范置于前端，然后再在其后附上相对而言仅为形式性组织技术的国家机关法。正如1921年7月9日的德国国事法院法所展现的那样：各种职权被列于开端，然后再在每一部分的职权规定后面规定满足特定技术性要求的人员配备。

众所周知的是，现代立宪者根本没有采取这种做法。在他们依据各种权力（nach powers，nach pouvoirs）划分一部宪法时，他们考虑的不是法学上的职能群体，而是极为真实的权力。合理地组合这些权力是宪法制定者必须深思熟虑的问题，这个问题不是仅在《联邦党人文集》中被深入地探究过。《魏玛宪法》将三种机关置于宪法的前端，随后列出三种职能，这就意味着对于该宪法而言组建三种国家机关是一种首要的目的，为满足各种职能（确切地说，《帝国宪法》中关于帝国立法的章节）而在岗位设定方面提出一定要求，是较为次要的事情。机关的组建和存在之本身，被宪法视作目的之本身。《魏玛宪法》的次序安排就是一种全新的（与第二帝国的宪法截然不同的）宪法上的等级和价值关系的重要表达。因此，议会的存在和议会的设置首先就是一种目的之本身（第 17 条）。因此，撇开其各种职能不谈，直选总统本身也是《魏玛宪法》结构的重要构成部分；正因为仅将其理解为履行各项职能的机关，为宪法的这一部分投入的直接民主成本与其各项职能之间的关系才显得不成比例。人们常常针对这一情况所作的批评显然是错误的。内阁的情况也是如此。[①] 同样，不考虑其各项职权，帝国参议
90 院的存在本身就是各州所要求的宪法生活的构成部分，因为帝国参议院的存在使其国家属性和政治存在得到了明确表达。[②]

只有一部现代宪法的确有意地采用了首先规定各项职能、其次配备各种服务机关的模式。这部宪法就是《北德意志邦联宪法》，或者说《第二帝国宪法》。这部宪法将作为新生事物的联邦立

---

① 托克维尔曾就此有过详尽的论述，见 H. Göring，Tocqueville und die Demokratie（demnächst bei Oldenbourg erscheinend）。

② 同样，撇开其各项国际法上的行为不谈，**“维护与外国的关系”**（第 78 条）通过外交机关的存在本身就得以完成。

法置于前端，联邦机关则被设计为这一职能尽可能不着行迹的执行机关，故而关于机关的规定被当作机关方面的施行规范，列于靠后的地方。后文还将进一步介绍这一特性。因其内在的尊重历史的邦联主义调和观念，此种特性成为了凯尔森自欺欺人和幻想式的建构能够真正获得容身之处的罕见情形之一。

机关的整合作用可能来源于其存在（Bestand）、组建过程（Bildungsvorgang）和职能的行使（Funktionieren）。

源于机关存在的整合作用主要体现在狭义的政治性机关的存在上。此外，官僚机器的属性虽然主要是技术性的，但其自身存在的整合作用也不容小觑。我在前文中将此现象基本上归入“人的整合”，在此方面可以参看前面的相关论述。

此外是源于组建过程的整合作用。不过此种整合作用的发挥取决于组建过程能否成为整合性手段，也即组建过程是否是有整合作用的斗争。组建过程本身是前面被归为“功能整合”的众多过程的重要构成部分。其中最为重要的例子是政治选举。然而，在一再认识到[①]选举的整合作用的同时，人们也总是一再忘记这种 91
整合作用。例如，在认识到比例选举法能够提升普遍、平等的选举权的个人主义意义因素的同时，人们却忽略了其所导致的选举过程的整合作用的降低。因其任务设定、富有建设性的对抗、给人带

① 然而，基于各自各异的政治立场，人们对此有着各异的价值判断。例如，梅尼克的相关观点是典型的自由主义。在他看来，普遍平等的选举权主是一种泄压阀，具备平衡性和安定性功能（Meinecke，Problem des Weltkrieges S.89）。瑙曼的出发点则是民主主义的。在他看来，选举制度使得我们成为同呼吸共命运的共同体（Naumann，Demokratie und Kaisertum，[4] S.51）。见 Überhaupt z.B. N. Einstein，Der Erfolg，S.98 f.。

来强烈体验胜负之分的机会，以及在候选人选择和选举联合方面对地方性政治更大的活化作用，使用多数选举模式的选举制度往往具有更为明显的整合作用。[①]

国家机关整合作用的最后一种来源是其职能行使过程。具体而言，职能行使的整合作用寓于两个方面：首先是引导产生宪法规定职权之意志行为的程序；其次是此类意志行为本身。

第二个方面绝非国家特有的或者仅是集体性团体特有的现象。众所周知的是，个体人格的自我塑造是通过生活行为，尤其是表达行为进行的。生活行为、表达行为与形成持续性、规范性的自我设定的意图密切相关。国家行为的意义恰恰也主要来源于此种自我设定。

一般而言，职能行使的第一个阶段——行使职能的预备程序——具备整合作用的唯一前提条件为：基于发挥其整合作用的目的而将其置于公众视野之中。[②] 如此一来，这些程序就加入了整合性斗争的行列：选举、公共辩论、表决、议会和政府之间或者其他政治机关之间的争论。在那些本质上整合作用本身就是其承载
92 的目的且没有或者无须最终形成一种具备外部作用的行为的情形

① Festgabe der Bonner Juristischen Fakultät für Karl Bergbohm，S.283 f.米歇尔在第五届德国社会学人大会上指出，选举是意志的传递，这完全是一种令人无法理解的从故纸堆里扒出来的陈芝麻烂谷子（Verhandlungen S.71，auch Zeitschrift für Politik 17，290 f.）。

② 公共性作为当今政治秩序要素的意义正在于此（Hegel，Rechtsphilosophie § 315，und Zusatz），而不在于与威权统治的权力不可控性截然对立的民主制度控权需求。威权政体的宪法主要是技术性宪法，而民主制度的宪法是政治性的，因此，专制主义的技术性集体原则与整合性议会制度之间没有可比性（凯尔森的下列论述是令人费解的：Kelsen，a. a. O. S.46，53，Staatslehre S.327；vgl. auch oben S.15）。

中，这些过程的整合性意图会表现得更为突出。例如所有确立和批评统治纲领的行为、决议以及大多数关于预算的商讨等。在此过程中，整合作用的产生取决于下列众所周知的前提条件：首先，必须存在多个作为对抗性的载体且在一定程度上相互匹敌的争斗对手；[①]其次，争斗对手之间必须存在共同的基础，由此才有可能存在进行有整合作用的斗争意图；最后，所有的人口都必须在某种程度上被卷入此种斗争。[②] 什么地方能够出现此种效果，**“多数人的意见是实现自由的最佳途径”**[③]的意涵才能在这一地方得到真正体现。

在大多数宪法之中，以上各个机关功能性整合的种类都得到了不同程度的体现。这些宪法之间差异最为显著的地方在于不同机关相互间关系的功能性整合作用。考夫曼(E. Kaufmann)认为一部宪法的典型特征就在此中，[④]这个观点有一定依据。

只有依据本书论述的这一重意义，人们才能正确地认识和评判宪法的这个部分。如果仅在法学上将机关理解为有效的国家行为的设施，或者仅仅在实际效能的角度上对其加以评判，那么人们就错误地理解了机关的本质属性。

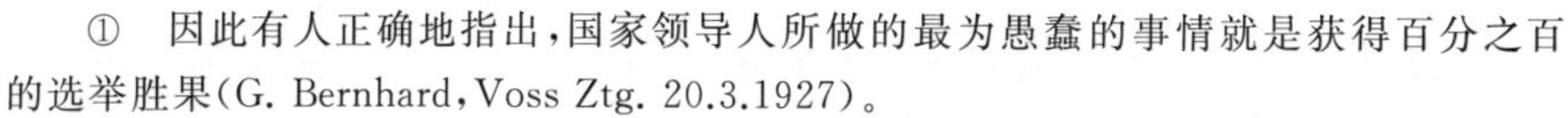

① 因此有人正确地指出，国家领导人所做的最为愚蠢的事情就是获得百分之百的选举胜果(G. Bernhard, Voss Ztg. 20.3.1927)。

② 英国议会正是基于范围极为有限的选举权利才达到了其高潮时代，这一事实并不是由限制享有选举权的人员范围所造成的，而是由报纸阅读者所造成的：这个狭小的圈子能给被议会这个舞台所波及且能够富有激发性地反作用这个舞台，而如今的积极市民群体只能被直接民主的方式整合。

③ Kelsen, Staatslehre, S.323, 5. Soziologentag, S.62; daselbst S.63 f. Demokratie S.28, 凯尔森在这里也承认整合作用是一种具有特殊性的现象。

④ Bismarcks Erbe in der Reichsverfassung, S.9.

人们广泛讨论的两个宪法机关的理论问题至少部分地属于我们当下思考着眼点涉及的问题：最高机关的问题（höchste Organ）和代表问题（Repräsentation）。

关于最高机关的学说根源极为多样。[①] 韩勒尔（Albert Haenel）
93 从宪法生活的现实实践角度出发，极为简明扼要和正确地指出思考这一问题的方向：**“在由所有共同目的汇成的实践领域中的统一性追求中。”**[②]保障各种整合因素，尤其是各种机关的整合作用能够在实践中统一地发挥作用极为必要，为此设定一个最高等级的主管机关应该说是最简单的解决之道。以法治国家观念为核心的观点会效法美国的（并非有意识地发展出来的，而是在历史中形成的）做法，[③]选择专司做出不为政治左右、中立、最高等级的终局性司法裁判的最高等级的、最具独立性的部门——也即国事法院——作为此种主管机关；[④]与之相反，在欧洲大陆，人们更为倾向于这一角色由立法机关承担。就当下的情况来看，议会制度有能力提供灵活的、终局性协调方案，而在君主制联邦国家时代，实现这一功能的则基本上是所有联邦成员国之间遵守联邦忠诚义务的友好协商及其在联邦参议院中的外交磋商机制。无论采用哪一种做法，被选定的机关都是整合体系的拱顶石。因此，纵使一部宪法没有明确地和有意识地做出相关规定，存在一个这样的主管机

① 凯尔森的论述很不全面，根本没有察觉到精神历史方面的问题。见 Kelsen, Staatslehre, S.307。

② Staatsrecht Ⅰ 92.

③ E. Kaufmann, Auswärtige Gewalt und Kolonialgewalt in den Vereingten Staaten, S.177 f.

④ Wittmayer, Österreichisches Verfassungsrecht, Nahtrag 1926, S.7.

关仍是极为必要的。[①]

代表观念复杂的思想史体系的若干枝节同样也触及我们当下讨论的问题。欧洲大陆的议会代表观念以沉睡于大众之中的理性 94
概念为根本出发点，代表人一方面在被代表人之中唤醒这一理性，同时在另一方面作为此种理性的对外代表。[②] 在理性主义所主张的真实的、业已存在的大众理性被实际存在的具体的意志个体的理性所取代之后，这种代表观念实际上就意味着整合性领导，而且还是一种取决于代表人个体的领导。[③] 在宪法文本试图表达议会代表制本质的双层结构中，[④]第二层的内容越是因议员所受约束的增多而日益丧失意义，[⑤]那么通过将重心移转到第一层的内容而使得这一结构得以恢复名誉的做法就日益更具合宜性。否则，人们将会使现代代议制国家的一个（而非全部）基本原则的全面内容在核心问题上成为主流机关学说的形式主义的牺牲品。

与处理技术性事务这一层意义[⑥]相对立的政治统一性的代表

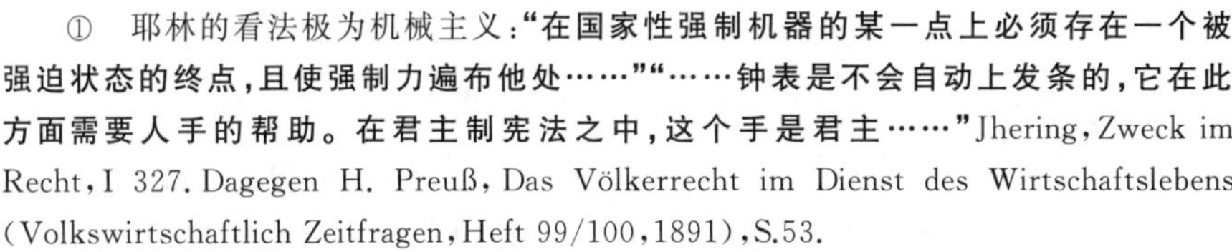

① 耶林的看法极为机械主义：“在国家性强制机器的某一点上必须存在一个被强迫状态的终点，且使强制力遍布他处……”“……钟表是不会自动上发条的，它在此方面需要人手的帮助。在君主制宪法之中，这个手是君主……”Jhering，Zweck im Recht，I 327. Dagegen H. Preuß，Das Völkerrecht im Dienst des Wirtschaftslebens（Volkswirtschaftlich Zeitfragen，Heft 99/100，1891），S.53.

② B. Braubach，Der Begriff des Abgeordneten，Staatswiss. Diss. Der jur. Fak. Bonn 1923（Auszug）.

③ So etwa Heller，Souveränität，S.76.

④ 例如《魏玛宪法》第 21 条规定：“议员是全体人民的代表。他们只服从自身的良心，不受他人指令的约束。”

⑤ Statt Vieler Triepel，Die Staatsverfassung und die politische Parteien，Rekoratsrede 3.8.27，S.11 ff.

⑥ C. Schmitt，Volksentscheid und Volksbegehrens，S.49.

意义使得议会主义的代表机关与其他政治性的国家机关结为一体。然而，此中被代表的不是公意的变动不居的现实性，而是更为静态、对于国家而言更具超越性的价值存量，[①]在君主发挥代表功能的情形中更是如此。两种情形的共同之处是代表的层次性[②]：
95 民主制中存在议会的代表和市政厅的代表这两个层次[③]，在君主制中君主的代表作用以官僚等级为媒介向下传导。然而，代表在较低的层级上有可能得到强化，例如在法官以君主的名义表达法律的意旨之时。[④] 温特（W. Wundt）正确地观察到了此种强化作用所引起的一种效果[⑤]：此种强化作用意味着法官职能正当性的提升，同时也证明整个代表问题也同时涉及质的整合领域，因为正当性永远意味着以实质性（对与被正当化者具有超越性的）价值意涵为基石。

当然，（作为理性主义遗迹的）一种国家学说如果像维也纳学派那样意图尽可能地将精神现实贬为虚构、幻想、矫饰和欺诈，肯定能够在当下这个地方找到令其特别欣喜的证据。[⑥]

---

① Analog etwa C. Schmitt，Römischer Katholizismus und politische Form，S.54 ff.

② 关于价值层级的类似代表，见 z.B. P.L. Landsberg，Die Welt des Mittelalters und wir，S.23 ff。

③ Heller S.75.

④ 以“人民的名义”进行的司法活动并非完全与之对应，见 unten S.99，Anm.4。

⑤ Z. B. Völkerpsychologie，Ⅶ 37-unter Beteiligung der Jurstiz an der eigentümlichen religiösen Affektbetongung des Königtums：das Ⅷ 275 f.，Han Schwarz，Europa im Aufbruch，S.68 f.，242.

⑥ Kelsen，Staatlehre，S.315，319. 完全不得要领，仅仅是技术性的，见 Simmel，Soziologie，S.551 ff。

*　*　*

在主流机关学说的两种主要观点的对峙格局中，以整合概念为基础的机关学说将会采取一条中间路线。以整合概念为基础的机关理论必然拒绝任何假定国家为一既有实体且只是将自身的职能组织起来的观点。这样的观点可能选取社会学的立场，将机关理解为合乎目的理性的设施；这样的观点也有可能选取法学的立场，将机关理解为一个真实存在着的和实际运转着的法律人格人的法律行为上的代理人。以整合概念为基础的机关理论也反对任何认为国家仅寓于机关中、在此之外什么都不存在的观点。[①] 这样的观点无视存在于整合过程中且在机关中持续不断地存在着的精神现实。对于此种精神现实而言，整合过程和国家机关仅为其形式和载体。

① Z. B. Haenel und Triepel, vgl. Die Stellen bei Heller S.60.

第三章　国家职能

96 既然整合本质上是精神生活，一种运行过程，那么国家职能就是其最理所当然的要素。在各种整合性斗争的表现形式之外，国家职能是前文[①]论述的功能整合这种类型的主要构成部分。

现代宪法并未将各种国家职能视为应予分别对待的具体问题，而是将其看作一个体系性整体、通过权力分立体系（System der Gewaltenteilung）凝聚成一个整体的权力。传统的宪法解释认为此种体系的意义主要在于分工合理性，而依据本书理论其意义则在于国家生活的体系性安排。进一步而言，其意义在于国家整合体系的体系化安排，只要其本身实际上有能力作为功能整合的体系发挥作用。

作为一种精神遗产的权力分立学说背负了此等遗产的沉重负担，其教义史因之尤为复杂，探索其在如今宪法中的意义也因之极为困难。因此，探究其真正的意义且由之探明我们宪法一个核心之处的意义首先是观念史层面的探索任务。

在18世纪的权力分立学说之前，一旦三种权力乃至国家制度本身成为了被讨论的对象，那么这三种权力均有一种超越国家的理论基础。在亚里士多德看来，各种权力均有其自身存在的独立

---

① 见前文第45页。

性。在后起的国家学说中，人们或是从自然法及其关于国家和国家意志的理性主义基点推导出国家权力，或是从一种国家之外的实在的（positiv）正当化泉源出发，以高权（Hoheitsrechte）的模式推导出国家权力（这种观念依旧遗留在君主原则以及国家权力的承担者这种不伦不类的观念之中）。与之相较，权力分立学说的根 97
本新意在于其无意识的但毫无疑义的国家体系内聚化。这是一种哥白尼转向式的理据内在化。对于作为制度的国家而言，这种内在的理据是在方法论的层面上孤立地看待国家的第一次尝试，且至少在一定程度上与马基雅维里将国家视作一种生活现象的理论有着近似之处。要求将国家建构成能将各种相互对立的力量维系于自身动态的平衡体系，是首次尝试将国家理解为（而不是要求建设为）各种力量的动态抗衡观念之最原初和最朴素的形态。

以此观念为起点，且经由理性主义国家机械论及其理性主义法律概念的摒弃，一条笔直的发展路线指向了黑格尔及其将权力理解为“政治国家”[①]和为宪法所规范的生活现实之矛盾因素的观点。在黑格尔看来，宪法规制的生活现实不会因刻意促成的各种权力之间的互相抑制作用而变得僵化，而是会基于精神的辩证法在具体的历史中从这些权力之中展开自身。[②] 如此一来，宪法中

① Rechtsphilosophie §§273，286，272，Zusatz.

② 特雷舍尔（Trescher，Montesquieus Einfluß auf die philosophieschen Grundlagen der Staatslehre Hegel，Phil. Diss. Leipzig 1918）认为自孟德斯鸠到黑格尔权力分立学说的发展结果为，国家为了共同目的极富活力地涉足所有社会的领域，为国家整体赢得人民中所有活跃的力量（S.105，vgl. auch S.100）。这个结论的内容与本书中的整合概念完全一致。我无须特别指出的是，凯尔森就这一研究对象进行的论述（Kelsen，Staatslehre S.255 ff.）与本书不存在任何共同之处。

的权力分立就是在实在法层面的对政治精神的整合规律性进行的规范性表达。

然而，此种关于我们宪法权力体系的观点还存在两个显著的重大问题。

98 首先，这一权力体系中存在一个异质性成分。尽管此异质性成分不可避免地寄身于这一体系中，但绝非或者至少可以说并不主要是这一体系的要素。此种异质性成分是法律生活的要素。诚然，它们在国家权力体系中作为立法职能和司法职能而为国家之手所掌控。然而，它们是就国家而言具有独立性的另外一种精神体系的要素，也即法律生活的要素。

其次，这一体系缺乏一种终结性的因素。黑格尔权力分立观念优胜于孟德斯鸠和我们的宪法文本之处就在于其具备这一点。人们可以将其称为统治权、王侯权力或者其他。

*　　*　　*

如果人们遵循本书预设的立场，认为尽管国家与法不可分割地联系在一起，但它们分别具备各自的自成一体性，均为服务于特定价值理念之实现的精神生活领域，那么国家的现实性就寓于作为整合以及规制性和塑造性地行使国家权力的国家生活中，而法的现实性就寓于以立法机关、法院和生活为手段的法的实在化（Positivierung）、保障（Sicherung）和适用（Anwendung）中。与整合因素那里的情况一样，法律生活的各种因素之间也具有相互支撑、相互补充和相互依赖的关系。在法律生活中，可能是立法和司法这样的组织化职能处于核心地位，正如在现代国家所表现的以及主流法律学说所要求的那样，[1]法在法律共同体(Rechtsgemeinschaft)成员中的适用也同样有可能在法律生活中占据核心地位，正如中世纪所体现的，以及埃尔利希的社会学所描述的那样。这些因素无论如何都共同构成了一个体系，而且此种体系同样是基于精神价值规律性凝聚成法律共同体的具体法律生活的实在现实性，正如整合因素的体系在国家生活中构成了国家现实的体系。与国家生活情况相同的是，法律生活也只能部分地为成文法所规定、激发和许可。作为这一层意义上的法律生活体系之构成部分，只要立法和司法为制定法所调整，那么它们在宪法中便共同构成了法律职能的封闭体系。法律生活在它们之间的对立统一性中获得了自身的现实性，或者说(以埃尔利希的立场视之)至少是自身现实性的一大部分。正是因为这一点，立法和司法 99
在一定程度上对于宪法而言是异质性的。它们应该处于宪法之中，因为它们也是国家生活的形式，但在摒弃了中世纪的司法国家(Jurisdiktionsstaats)之后，它们的重点已不在这种国家性中。

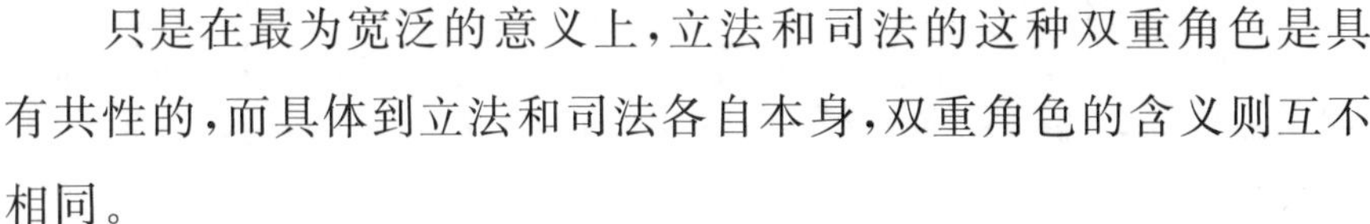

只是在最为宽泛的意义上，立法和司法的这种双重角色是具有共性的，而具体到立法和司法各自本身，双重角色的含义则互不相同。

作为国家权力体系之一部，司法权力在一定程度上等同于零

① Z. B. Schönfeld, Die logische Struktur der Rechtsordnung, S.44 ff.-im Archiv d. öffentl. Rechts, N.F. 12, 178, allerdings im Sinne einer Stufentheorie.

(en quelque façon nulle)。[1] 这也就是说，司法权力服务的对象不是整合价值，而是法的价值。[2] 法的价值并不为国家的疆域所限。因此，与文明国家在司法事务上具有共通性一样，联邦国家里的成员国家在司法事务上也具有共同性，只要所涉事项确系司法事务。[3] 统治事务和行政事务则与之完全不同。司法权力也是有整合能力的，不过其整合出的不是国家共同体，而是法律共同体，这是一种至少是在原则上有别于国家的领域。[4] 与此同时，司法权力实际上也有促进国家整合的作用，[5]但现代宪法以规定司法权
100 力独立性的方式明确地使其免于承担这一任务。行政权力则与之完全相反。从原则上看，行政权力应该完全为行政价值所决定。然而，由于行政权力被置于统治权力之下(或被置于议会责任性

---

① Esprit des lois Ⅺ 6. 之后此种观点就成了一种常见观点，例如：Klüber, Die Selbständigkeit des Richteramtes, 1832, S.24。黑格尔围绕这一观点的立场转变耐人寻味。在青年黑格尔时代，他仍按照孟德斯鸠的方式界定司法权力(System der Sittlichkeit, Schriften zur Politik und Rechtsphilosophie, hrsg. V. Lasson, Philos, Bibl. 144, S.489)，在稍晚的时间则不再提及司法权力(Rechtsphilosophie §272 am Ende der Anmerkung vor dem Zusatz, und Ende des Zusatzes)，而在最晚期则将司法权力归入统治权力之中(§287)。

② 那个著名的对此种对立性所作心理学阐释尤为无用。见 auch v. Marschall, Vom Kampf des Rechtes, S.150 ff., und vor allem Gierke in Schmollers Jahrbuch 1883, 1185。

③ 尽管存在其他区别，但这一问题实质上与前文中的(第 104 页)是相同的。

④ Z. B. W. Simons, Mittelungen der Deutschen Gesellscahft für Völkerrecht, Heft 6, S.25, 29. 以前判决中的“**以国王的名义**”这个表述功能在于表明司法机关的国家性，而如今判决中的“**以人民之名义**”的表述功能则在于表示司法权力是共同法律信仰的共同体的一项职能。

⑤ 在此应予指出的是，中世纪国家统一性的形成往往凭借法律的途径；此外还应该指出的是，在盎格鲁-撒克逊司法国家中司法权力作为国家职能之更为重要的意义。

中),政治或者整合价值至少在一定程度也能对其起到决定作用。弱化或者化解行政价值和整合价值的此种对立性,是当下围绕着司法权力所展开的斗争的部分内容。[①]

在立法权力中,国家体系和法的体系更深地缠绕在一起,因为立法权力在这两个体系中都扮演了最高职能的角色。从一方面来看,立法权力是国家的一种内部职能,是国家分权体系的一个部分,立法权力在其自身的这一重属性上为其与行政权力之间的关系所决定,这就意味着立法权力在这一层意义上是“形式上的”立法权力。显而易见的是,只有以此种形式上的立法权力作为理解的基础,宪法中为数众多的使用了“法律”(Gesetz)这个术语的规定才能获得较为令人满意的释义。从另一方面来看,立法权力也是法的生活的一般性规制职能,是“实质上的”立法权力,其在这一层意义上为正义价值所决定。因此,只有能够在一定程度上揭示此种关系,尝试定义“实质性法律”的努力才具有一定意义。当被牵涉到的不是国家生活的职能体系,而是法的生活的职能体系时(特别是在司法法的著名立法定义中),人们意指的才是此种实质性法律的概念。这一层意义上的立法权力的活动空间及其承担的任务主要为其与司法机关之间的关系所决定,为司法机关期待其做什么、遗留什么任务由其完成所决定:故而法律在这一层意义上的定义为普遍适用的规范。与此同时,就内容而言,不同时代在正义价值实在化上的侧重点互不相同,因此实质性法律概念存在时代

① Hellpach,Neue Rundschau,Juli 1927,S.5 f.

101 局限性和流变性，总是为特定针对国家立法职能[①]的正义观念所决定。这与形式性法律概念有着显著的区别。尽管形式性法律概念并非在所有地方都有着完全相同的含义，但至少人们可以凭借其与其他权力形式属性的关系本身形式性地和固定地确定其含义。

因此，人们常说的“**法律是司法权力的目的，是行政权力的限制**”具有双重的误导性。首先，这个说法是在一个统一的职能体系中确定其相互间的关系，然而实际上被牵涉到的是法律在两个截然不同的体系中的关系。此外，在与行政权力的关系中，人们论及的主要是形式性法律概念，而在与司法权力的关系中，人们论及的主要是实质性法律概念。作为这个说法源头的斯塔尔以之表达了一些本质性的东西，而后期的形式主义则以之表达了一些令人难以理解及深感不安的东西。例如形式主义者认为在宪法和行政法的领域中，正义的作用仅仅是限制性的；而在司法的领域中，正义则是积极和唯一的目的。[②] 一个一直未被人们充分重视的怀疑论调：“**行政权力是否真正能够创制法律**”[③]，与这种观点具有同样的问题。

基于此种同时承担国家体系和法的体系核心职能的双重地位，立法权力的地位与对于宪法而言绝对是比较边缘的司法权力有着显著的差异。立法权力在宪法中的意义和地位由此具备了那

---

① Vgl. besonders Holstein in der Bonner Festgabe für Ernst Zitelmann 1923, S.361 ff., 366 ff., auch Thoma, Festgabe für O. Mayer S.176.

② Philosophie des Rechts 3 Ⅱ 2, S.609.

③ J. Goldschmidt, Verwaltungsstrafrecht, S. 372, Begriff und Aufgabe eines Verwaltungsstrafrechts S.21, Anm., vgl. überhaupt auch Holstein a. a. O. S.368.

种为形式性法律和实质性法律学说正确地认识到但未最终彻底揭示出来的双重意义。至于国家中心主义和规范逻辑主义，人们至少可以说它们很难应付此种双重意义所引发的难题。

在过去，法律概念的这两个方面之间有着更为密切的关联。[①] 102
此种关联具有一种在当下被严重忽视的功能：使法律具备内在的正当化的力量（卢梭关于公意的理论是此功能最为杰出的体现），且使国家身处自然法学说要求的国家与价值世界之间的具有正当化作用的关系中。由之得以克服的是纯粹的国家至上论为专制权力提供的并不充分的正当化依据。与现代国家概念不兼容的在某种（自然法或者实在法上的）法秩序中为其找寻正当性的做法，也可以因此而被摒弃。如此一来，现代国家更为坚定地以其与法律之间不可分割的关系作为立身之本，而法律在此关系中既是国家自身的一种权力，同时也是对国家起到正当化作用的一种权力。尽管听上去令人觉得矛盾，但人们必须正视这一点：只有摆脱迄今为止所有和任何对于政治领域而言外在的正当化依据，国家才有可能成为现代法治国家。

*　　*　　*

有人不无道理地指出，**“正是凭借行政权力和立法权力关系之间交互作用的特殊样态，一个国家才获得了自身的个性”**[②]，毕竟只有这两种职能才是国家职能体系和整合体系现实的构成部分。

① Vgl. besonders C. Schmitt, Geistesgeschichtliche Lage, 3 S.52 ff.

② Redslob, Die parlamentarische Regierung, S.1. 当然，这一点只有在一定条件下才适用于整合体系的功能性部分。见 auch O. Mayer, Deutsches Verwaltungsrecht, 3 Ⅰ 56。

同样，这两种职权也只可能存在于国家中。与之相反，即便不存在国家，实质的立法职能和司法职能也有可能存在，这两种职能只是在一定程度上被宪法引入国家，[①]为宪法所赋予形态。

* * *

现代国家的整合性职能体系与通常宪法模式中的三种权力有所不同的第二个地方在于其不完全性，其自身缺乏一种理应必须
103 存在的承担着特殊整合任务的职能。此种职能的存在必要性与丝毫不会受到怀疑的最高机关的存在必要性相类似：各种权力的共同作用最终能否令人满意地确定国家属性以及使国家属性得以贯彻，人们对此不能持放任的态度。相反，这个问题催生出一种具有独立性的国家行为，无论是在对内关系还是在对外关系中，此种行为仅仅服务于这一目的，这就是统治职能(Regierung)。[②]

法国最高行政法院在其实践中率先在国家法上将统治行为与行政行为区别开来。[③] 对于实践中的政治家而言，这种区别更为不容回避，[④]并在19世纪的政治文献中也获得了广泛承认。[⑤] 然

① 当然引入的方式极为多种多样，见 vor allem E. Kaufmann, Auswärtige Gewalt, S.177 ff.。

② Vgl. Kahl-Festschrift Ⅲ 16 f.

③ a. a. O. S.5 ff., auch C. Schmitt, Arch. f. Soz. Wiss. u. Soz. Pol.58, 3, Anm.

④ 人们通常认为梅特涅是这一方面的经典范例，见 Srbik Metternich Ⅰ 392 f., präzis Gambetta bei Barthelemy, Organisation du suffrage p.640。

⑤ Z. B. Comte, Cours de philosophie positive, 3. Éd. Ⅳ 430. Fröbel, Politik, Ⅰ 144 f., 151, 191 ff., Ranke, Sämtl. Werke, 30. S.55 f.

而，就我的观察而言，无论是国家理论还是国家法学都未能正确认识此种区分的意义，且在实践中一贯完全忽视其存在。例如当它们使用政治论战中最常见和最难以摆脱一种伎俩时：从技术角度批判一个政治行为，或者与之相反。特别是在德国，这是执政党与反对党之间鸡同鸭讲局面的主要原因。

在这一点上，独裁权力（Diktaturgewalt）是不容忽略的。施米特和格劳[①]充分说明了此种权力与三权体系的不相匹配性，但并未道明此种权力为什么是异样的。同样，正是由于作为其主宰性原则的整合价值赋予其此种特殊地位。而且，这种特殊地位也不仅仅局限于整合价值在外部现实的可投射性中，同时也要确保“**公共安全和德意志帝国的秩序**”（《魏玛宪法》第 48 条第 2 款）。在此

种非常态的情形之中，整合价值暂时地优越于法的价值和福祉价 104

值，甚至优越于常规的、更全面、更深层次意义上的整合价值，以便与行政职能外观相似的独裁“措施”（《魏玛宪法》第 48 条）的技术性权力为其自身的再造行动赢得空间。施米特就此指出，“**国家保留在此，法律暂时退场**”，“**在此情形中，国家的存续毫无疑问要压倒法规范的效力**”。[②] 这里涉及的问题仅仅是确定一种关系的问题：此种例外情形中的权力和对所有事项的常态规制与国家属性之间的关系问题。是否像施米特令人惊异地论证且在实在法之中运用的那样，“**例外情形最为清楚地揭示国家权威的属性**”[③]，还是

---

① Dieser a. a. O. S.104 f.

② Politische Theologie S.13.

③ S.14，15 a. a. O.

说例外情形仅仅是于通常状态中清晰地体现出来的国家属性的模糊化和悬置？显而易见的是，对于这种认为国家的本质属性寓于一种形式上的终极决断权力思维而言，这种权力在独裁权力中体现得最为充分。从根子上讲，这是一种法学思维方式。此种思维方式随处可见，只要人们将常规的秩序——例如在等级国家中——看作法律对在统治者身上集于一统的权力行使的限制，也就是说常规秩序模糊了纯粹的、根本性的国体。就精神科学的评判角度而言，只有此种终极主权机关是将整体整合起来的价值的终极代表，这样的思维方式才存在一定的依据。也即在罗马教会中，以及在立宪主义-民族国家时代之前的君主制国家中。当此种前提条件已经丧失，当国家现实的核心已经寓于常态宪法生活中，这样的思维方式已经不合时宜。在这种新的历史时期中，常态的宪法生活在紧迫的情形中会暂时让位于**“技术性救难手段”**，而后者对于那种常态宪法生活中的持续性本质实现而言只是一种临时性技术，根本不是一种本质的呈现。卡尔·施米特典范性地体现了一种古代的国家图景和返祖的思维方式。卡尔·施米特的国家图景和思维方式在国家理论中广遭拒绝，对于国家理论和独裁权力这一复杂的问题而言是一种
105 绝大的幸事。我们将会在后文继续讨论后一个问题。因此，一个当今的国家理论必须在其他地方找寻国家的本质要点，而且也要在宪法理论和国家法上对价值侧重点做出与之相异的安排。

*　　*　　*

因此,在更为精细的审视基础上,宪法文本中简单的权力分立模式为三种功能体系所取代:(1)立法权力与行政权力在政治上的相互作用,在此之外还有统治权力和独裁权力作为直接的、政治性和整合性职能;(2)作为法的生活载体的立法权力和司法权力;(3)国家基于行政权力在各个领域中从事的促进福祉的技术行为。虽然绝大多数国家行为并不仅仅服务于其应首要服务的价值领域,[①]但任何国家行为都不得超出特定的限制而被应用于与其本质属性不相容的目的,否则就会造成滥用形式的问题。[②] 埃尔利希·考夫曼和卡尔·施米特在为数众多的案例中(调查委员会、国际联盟、《帝国宪法》第48条意义上的措施和用以对贵族进行征收的法律与征收行为[③])在法律政策或者法律层面清楚地指出了这一问题。

然而,在一定条件下也存在这样一种可能性:针对那些兼具政治意义和法律意义的问题,[④]通过实在法上的规定确定这样或那样一种决定性尺度。此种规定一般会采纳以下两种途径:为了解决争端问题,要么将决断权分配给纯粹的政治机关,要么将决断权

① 参见前文第105页。

② 例如这术语在考夫曼的作品中出现于:Kaufmann, Untersuchungsausschuß und Staatsgerichtshof, S.63, 66。

③ Vgl. bes. noch C. Schmitt in Schmollers Jahrbuch 48, 2, S.753 ff., bes. S.778, und sein Gutachten: Unabhängigkeit der Richter, Gleichheit vor dem Gesetz und Gewährleistung des Privateigentums nach der Weimarer Verfassung (1926).

④ Vgl. Triepel, Kahl-Festschrift Ⅱ 17 ff. und die dort Angezogenen.

分配给一个司法机关。确定了何种机关同时也就意味着选定了首
106 要确定尺度的实质原则。此种选择也可以交由人们在个案中做出，例如梅特涅在卡尔斯巴德所作的建议：“**邦联成员的所有争端都应交由邦联大会判断，其在多大程度上是政治性的且应该由邦联大会本身做出决断，以及司法的裁判是否更为合宜。**”[①]这个选择往往是一个一般性规则的对象。例如在国际法中很多著名的例子，或者在《魏玛宪法》第 19 条所作的一个区分：一边是一个成员国内部的宪法纠纷，针对此种纠纷总是存在司法性的裁断机关；另一边是帝国层面的宪法纠纷，基于《魏玛宪法》第 19 条，人们难以为其确定裁判法官。如同后文将要展示的那样，此种针对裁断机关的差异化规定也意味着实质情形的差异性。

针对所有这些问题，只有一种宪法理论能够得出清楚明白的答案。这种宪法理论清楚地对法的价值、行政价值和整合价值的领域做出了区分，揭示了属于这些领域的职能特性，同时也指出了这些职能相互交叉的可能性和界限。

*　　*　　*

如果人们对其对立面——维也纳学派的阶梯理论（Stufentheorie）——略作观察，涉及上述问题的国家职能理论的意义将会呈

① Klüber-Welcker, Wichtige Urkunden für den Rechtszustand der deutschen Nation, S.178. 关于邦联法律本身：参见 Klüber, Öffentl. Recht des Teutschen Bundes, 4 215, H. A. Zachariä, Deutsches Staats-und Bundesrecht, 3 Ⅱ 736 ff.。

现得更为清晰。法之创制的阶梯意义及其身处的关联取决于这些阶梯作为被给定和被开展的生活现实的部分而获得的意义。只有作为辩证关系的要素,而不是线性链条中的环节,此种现实的构成部分才能在其相互间的关系中为人所理解。此外,激进驱除国家自身的特性和所有政治属性,也理所当然地会闭塞人们的头脑,使 107
之无法认识到国家各方面要素的特殊属性。如此一来,人们不仅不可能理解作为一种现实的国家,更不可能合宜地解释国家的宪法性规范。

第四章　现代宪法的整合性实质内容

在前面的章节中，我们已经在一般国家理论层面上讨论过通过实质内容进行整合。在这一章节中，我们将从近现代宪法史的角度切入这个问题。我们将会在最后一个部分处理与之相关的纯法学问题。

此种实质内容汇入现代宪法的发展洪流，首先是以自然法的法律概念（Gesetzesbegriff）这种形式实现的。法律是作为国家共同体唯一且必要基础的自然秩序（ordre naturel）的外化。[①] 尽管18世纪的国家理论力促国家成为封闭自足和集中化的权力体系，但此种法律概念在一定程度上使其保留了与当时的价值世界整体相互联系的脐带。由于当时的价值世界将法律概念作为核心要素纳入自身的体系中，法律概念因而总是具备自身的演变史为其赋予的全部实质意涵。换句话说，此种法律概念赋予18世纪的国家一种特有的正当性。卡尔·施米特极为正确地指出[②]，正当性问题不仅存在于君主制之中，任何其他国体也同样面临这个问题。不存在正当性，也即不以具体历史时空中有效力的、对于国家和法

---

① Statt Vieler Heller, Souveränität, S.17 f.

② Vor allem Geistesgeschichtliche Lage S.39 ff.

律具有超越性的价值为基础，就不存在实在的宪法秩序和法秩序的效力本身。[①] 只有考虑到自然法学说的法律概念包含的正当化依据，人们才能理解法律作为唯一创制性公共职能的观念为什么 108
能够如此长久地流传。因将其作为立法权力引入宪法中而造成的法律实在化以及形式化也无可避免地催生了法律概念空洞化的后果，而且，其自在性宣称（Immanenzerklärung）也切断了其正当化的源泉。只有准确地体会到了此种价值的瓦解，人们才能理解首批制宪者迅捷的应对之举：他们力求自然秩序有正当化作用的价值意涵作为效力根基和主宰性原则保留在其实在的秩序中，故而他们尝试将这些价值意涵表述出来，并将这种表述作为其宪法作品最上位的规范。这就是人权的正当化功能。由于后来的自由主义式错误观念仅关注人权次要的、限制国家的功能，这种正当化功能被人们彻底忽略了。

然而，仅对正当化的价值进行形式上的实在化尚不足够，这些价值只有被具体化了才真正变得实在。孟德斯鸠从民族的个性之中推导出制度，[②]或者将制度置于精神的历史性的辩证关系中，在很大程度上就是出于此种认识。如今针对内政上的自我组织和外交上的自我定位[③]所提出的民主正当性要求的意味也与之相同。

① 参见前文第 63 页。

② Vgl. die Würdingung durch Hegel, Wissenschaftliche Behandlungsarten des Naturrechts, Werke Ⅰ 417.

③ C. Schmitt, Geistesgeschichtliche Lage, S.39 f. 正是由于其对民主制独具个性的错误理解，卡尔·施米特错误地认为并非是那些形式上的过程，而是那些寓于这些过程中的内容是此种正当化力量的根源。法西斯的作为革命性同时是为新意大利提供正当化基础内容的“向罗马进军”的意识形态与之具有相同的观念根源。

在其对《魏玛宪法》前言的卓越评述中,[①]维特迈耶开门见山地指出,只有民主制才能这样为自己的宪法开篇:通过强调与一个自我
109 制宪行动的关系,而此种行动本身也体现为对最高的政治价值进行实在化的尝试,后续的宪法内容就获得了民主思想特有的正当性。

因此,存在多种多样的正当化因素,也存在多种多样的正当化类型,特别是存在参差不齐的正当化程度,尽管实证主义国家学说根本无视这些对于政治伦理和实践具有根本性意义的要素。

这些正当化的实质内容同时也是实质性整合因素,假如人们不愿将这个意义上的正当化与质的整合等同视之的话。我们在前面对质的整合已略作介绍。对于质的整合而言,正当化的实质内容并非其全部的内容,而只是整个质的整合体系的一个部分。不过这个部分在此体系中承担了极为重要的角色:正当化的内容是这个体系最具根本性的部分,正如国土是这个体系最具具体性的部分。绝非偶然的是,宪法对于下列要素进行了集中的规定:人权、序言、国土、国体原则和国旗。国家的属性和现实主要由这些要素体现出来,这就使得宪法的后续条文像是上述因素的执行条款,与上述首要和最高等级的国家秩序的价值相比,它们属于次要等级。

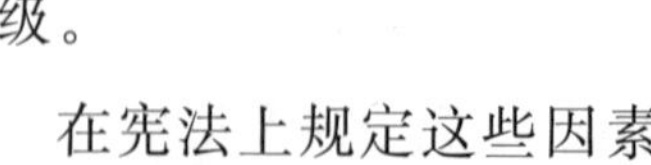

在宪法上规定这些因素,可以通过宣布信奉原则(序言、基本权利)、确认已经通过其他方式得以确定的具体的存在状态(国土)、对宪法类型进行固化和象征化(政体和国旗)这些方式进行。

① Die Weimarer Reichsverfassung, S.39 ff.

这些内容也可以容身于严格意义上的精确的法律条文中，例如关于联邦国家事项上职权的规定表明了联邦国家的意义、内容和属性，并在很大程度上赋予其整合性的力量。

所有与此处相关的具体问题一部分是特殊的国家学说问题，另一部分是法学上的宪法解释问题。就宪法理论的角度而言，仍需强调一个不言自明的道理。人们所欲求的正当化和整合作用并
不是说凭借宪法条文就可以毫不费力地出现的。有的基本权利是 110
如此理所当然或者内容空洞、问题重重，以至于对其做出规定绝不意味着使一个民族团结为一体的规范性理念内容的增益。有的国旗并不是压倒性的价值共同体的符号，故而根本不具备满足其自身意义的整合功能。如果没有把握好合宜的尺度，本应该起到团结作用的联邦国家的职权规定有可能起相反的作用。

第五章　国体

国体问题是国家理论，尤其是宪法理论最为复杂但也最能体现其最终成就的问题。由于普遍的国家学危机使解决问题的前提比在任何时候都更成问题，这个问题的糟糕境况丝毫不令人感到意外。

如果说国家及其宪法的属性寓于国家在其中成为持续的现实和个体的生活中，且国家在此生活中正是以此种样貌发挥作用的，那么国体就是此种生活的特殊类型，而国体学就是一种关于整合体系类型的学说。[①] 人们将永无达致这样认识的可能，倘若人们依循古老的方式，假定国家是一种既定存在，且将国家是由一人还是若干人统治作为唯一外在的、不触及国家既定本性的区分标准。[②] 较之古代的三种国体学说，当代国家理论上的不可知论更为不得要领。持此种立场者首先假定抽象的国家以某种方
111 式业已存在，然后要么在国家组织的空位中填充不同数量的统治

① 从目标上看，维特迈耶的——当然因为强烈的抵触情绪而极为不清晰的——论述属于此种国体学说，见 Wittmayer, Die Staatlichkeit des Reichs als logische und nationale Integrationsform, Fischers Zeitschr. f. Verwaltungsrecht, hrsg. v. Schelcher 57 (1925) 145 ff.。他所作的君主制、民族性和国家性整合的并列缺乏明确区分标准。

② Hegel, Rechtsphilosophie, § 273.

者，[①]要么将那些其无法或不愿理解为特殊政治性的、由国体导致的政治素材的种种存在样态，消解于非政治的要素中。[②] 回溯至精神史的发展阶段或者风格阶段，就属于此种做法。例如马克斯·韦伯对统治类型所作的罗列[③]、极为迎合时代潮流地简单化为艺术史问题的做法[④]、界定为服务于某一社会或者文化目的的(弊端较小的)技术的做法[⑤]。同属此类的还有将国体问题转换成进化论式价值判断的做法，例如与托马斯意义上"特权国家"相对立的是那种只有揭示其彻底否定前者的意义才能全面展现其自身特性的更为晚近的发展阶段的国家。[⑥]

近来，一个极富启发性的思路已经指明解决这个问题的路径。

① Auch dagegen Hegel, a. a. O., E. v. Hippel, Die Tatwelt, Ⅲ 61 f. (auch selbständig: Der Sinn des Staats und die Lehre von den Staatsformen bei Platon, Mann's Pädagogisches Magazin, Heft 1165, S.21 f.), unter Beziehung auf die bekannte Stelle in Rankes politischem Gespräch.

② 可以被理解为这样的有：H. Oppenheimer, Logik der soziologischen Begriffsbildung, S. 89。施米特对此进行的尖锐和正确的批判，见 Schmitt, Politisch Theologie, S.56。

③ 而且，基于很多方面的原因，这根本不是一种实际存在的发展顺序。克里斯玛是永远存在的，而像克里斯玛式宪法这样具有语词矛盾的东西即便是在原始部落中也不会被人接受。作为政治生活方式的传统型统治是存在的。但理性的统治类型却又是一种荒唐的说法：理性的"设施"、理性的"运行"从概念上看就已经与任何可能的生活形式相对立了。

④ Bei Hellpach a. a. O.

⑤ So selbst von der Demokratie R. Michels Soziolgie des Parteiwesens,[1] 391, Renner, Verhandlungen des 5. Dtsch. Soziolgentages, S.90.

⑥ Handwörterbuch der Staatswissenschaften 4 Ⅶ 730 ff.，在此被技术性地表述为国家理论和国体的评价问题。针对此种在民主制中只看一种发展历史上目标以及寻找一种历史终结的彻头彻尾的意识形态，有一个批判性意见极为尖锐和正确，见 R. Michels, Zeitschrif für Politik, 17, 290。

112 在关于自由主义和民主制的讨论中，政治性思维和非政治性思维在方法论层面上的对立已被完全展示出来，而且议会主义(Parlamentarismus)和民主制(Demokratie)[①]之间尖锐的内在对立也显露无遗。自由主义国家理论没有资格被称为国家理论，因为它已走向泛道德化、泛技术化或者其他方面的歧途；自由主义国体，也即议会主义，算不上一种国体，因为任何国家都不可能仅以功能整合为其立身的基础。社会主义修正主义路线要求仅以质的整合作为国家基础，这同样是不可能的。[②] 由此，人们就找到了把握政治的(Politischen)本质[③]和对于我们当下处境和问题而言最为重要的形态类型的路径。议会主义的本质在一定程度上已被探明，而作为其对手的民主制的本质仍是众说纷纭。[④] 与之同时，人们越发清楚地认识到，国体问题涉及的是整合体系问题，也即整合要素的组合类型问题。然而，就应用的可能性和成效性而言，能够进入人们选择视野的要素一方面会受到普遍的精神史和当代史的制约作用，在另一方面也会为特殊的国情所限制。如果此类因素在动态历史的发展中能够始终适应这些条件，那就会出现这样一

① 除了施米特和托马之间的论争，值得一提的还有：F. Tönnies, Demokratie und Parlamentarismus, Schmollers Jahrbuch 51, 2, S.173 ff.。

② 无须强调的是，此种批评意见仅针对思想和国体的纯粹类型。即便是马克斯·韦伯，在学术上也绝非一个彻底的自由主义者。针对这个使自由主义的重要形态变得令人敬佩的人道主义人杰的思想水准和自由主义立场，人们不会有任何怀疑，对于他本人的历史意义，人们的态度也是如此。

③ 我不认可施米特的定义。见 C. Schmitt, „Begriff des Politischen", Arch. f. Soz. Wiss. u. Soz. Pol.58, 1 ff.。

④ 施米特观点只是点出症状，没有抓住病根。人们在维也纳社会学家大会上的讨论受到大会主席的尖锐批判，这一点也不过分(Verhandlungen S.112)。

种宪法：在此宪法中，正如人们论及英国宪法所说的那样，人民如同生活在一层会自动生长的皮肤之下。与之截然相反的是那些精心设计和继受的宪法，它们如同一件不合身的裙子一样沦为摆设。由此可以更为清楚地认识到，宪法的核心问题是自身的整合力问题。[1] 一种较为理想的国体学说的一个几乎无法克服的困难正是由合成整合力之要素的广泛性、丰富性、多样性和任何一个这样组 113
合体系的历史独特性所造成的。

我在其他地方已经尝试过简述此种国体学说的基本要点。[2]

君主制主要通过一种不容置辩的价值世界实现整合。君主制度一方面是此种价值世界的象征和代表，而且在另一方面从这种价值世界中获得自身的正当性。因此，在所有存在原则上得到广泛认同、不受质疑的价值世界的时代，君主制是一种主流的国体。此种价值世界存在与否，决定了君主制的命运。就此而言，一定程度上的静止性（这当然不是指历史上的不变性）是君主制的显著特征。一种作为议会协同决定权对象的问题可予讨论的领域的出现，极有可能打破此种静止性。君主制因而主要是那些在内政和外交方面有着稳定政治性格的国家的国体。[3]

议会主义可以作为一种起限制作用乃至主导作用的因素与君主制并存，而共和制则是对君主制有彻底排斥作用的对立面。如

---

① 维特迈耶可能也有此见，见 a. a. O. S.168。若从本书已作的论述出发，下列表述肯定是错误的：“**在政治统治中表达出来的能量之总和**——用本书的用语来说就是整合效能——**在国体转变的情形中依旧保持恒定不变。**”见 Kelsen，5. Soziologentag，S. 57。

② Kahl-Festschrift Ⅲ 21 ff.

③ Einzelnes a. a. O. S.23 f.

果认为共和制仅是一种取代君主制的国体，那么其自身的政治属性就没有得到充分挖掘。此种国体的活力如今主要源于民主制这一内容更为丰富的概念。与君主制一样，民主制也是通过一种内容凝聚而成的国体。[①] 正因为民主制所依赖的是一种内容，故其没有必要彻底排除君主制，民主制甚至能够与君主制有交叉乃至共存。存在民主制的君主国家，这绝非悖论。同样，共和制的概念也并不排斥君主制的概念，只要共和制的概念不仅仅停留于一种形式上的否定，而是像在康德那里一样，曾是一系列丰富含义的指称。

114 最初，在民主概念中，诸如理性真理、自然法的价值等实质内容要素与形式上的多数人决定原则密不可分。18 世纪的公意和法律的概念史也完全为此种联系所决定。不可避免和持续进行的这两种要素相互分离的历史尚未得到人们的探究。如今，那些力争进一步揭示决定民主制属性实质内容的人们[②]沿着正确的路径揭示了这一分离史的后果。只有做到这一点，人们才能够理解民族国家运动的民主化趋势；只有做到这一点，民主制才有可能假定存在同质性（Homogenität），也即一种同质性内容；[③]只有做到这一点，尽管民主制奉行多数决原则，民主制也能得到少数派的支持，贯彻民主的独裁权力也因而有存在之需。[④] 与其政治家一样，

① So wohl E. v. Hippel, Archiv d. öffentl. Rechts N. F. 12, 406.

② Vgl. Tönnies, 5. Soziologentag, S. 12 ff., Koigen, das., S. 78 ff., Tönnies, Schmollers Jahrbuch 51, 2, 173 ff., Adler, Staatsauffassung, bes. S.129, insbesondere für Amerika A. Walther, Ethos Jahrg. Ⅱ, S.50.

③ C. Schmitt, Geistesgeschichtliche Lage, S.13 f.

④ Daselbst S.37.

法国的议会总是以一种对于外国人的审美情趣和道德观感而言令人匪夷所思的方式，不厌其烦地在正式文本中夸耀自己是多么地正义、大度，这绝不是议会主义的行事风格，而是民主制的题中之意：正是如此标榜的这些这个国家的终极政治美德使这个国家凝聚为统一的民主制国家，此种有整合作用的自我夸耀式呼喊能够一再唤醒人们关于这些美德的意识。美国民主制度信奉的观念内容与之没有实质差别。美国人认同这一观念内容，将自己视为世界性政治使命的使徒，且因此将自身的民主制称为“扩张性民主”(aggresive democracy)。[①] 与君主制或者(就当下的差异之处而言)其实是威权国家的整合性观念内容相比，民主制的整合性观念内容显现的差异之处在于，此种内容应以尽可能广泛的积极市民为其载体，且将其作为自身之物加以体验和续造。威权国家的压迫性并不主要在于其自身的非正义性，而是在于其以意义体系和 115
政治性的价值世界之名行事，但对于被统治者的感受而言，这两者不是他们自身的、源于他们的或者由他们主动认同的。创建“人民国家”(Volksstaat)的核心要义就在于打破此种事实上的或者臆造的国家观念内容上的“他治”(Heteronomie)。

因此，在众多国体中，君主制和民主制均有其一席之地，只要二者能在某种意义内容中获得自身最终的本质特征，并且从中汲取自身特有的正当性以及特有的风貌气派(Ethos und Pathos)。仅就这一点而言，马克斯·韦伯将国体界定为纯粹国家技术的做法就存在根本性错误。自由主义以及以自由主义为基础的议会主

① Europäische Ⅰ 262.

义的非国家性表现得最为突出的地方在于，二者既不具备此种风貌气派、价值诉求乃至自身特有的正当化力量，也不存在通过某种方式实现相应的正当化的需求。

如果说人民主权在宪法上意味着“**所有政治问题的最终决断由直接从人民的意志中产生的机关做出**”①，那么这一层含义首先体现的是议会主义原则。在那些议会决定国家政治属性的自由受限制的地方，例如提高宪法修改的门槛，议会主义与更深层次的民主制内核之间的断裂处或者衔接点会清晰地呈现出来。假如明确规定议会不得触碰国家的终极实质内核，例如国体，那么这一点将会呈现得更为明显。

无论如何，国体意味着具备包罗万象的全体性的整合体系，国体必然组合了所有的整合种类。② 故此，国体不可以被理解为必须无差异地贯穿于所有国家机构、国家职能各个具体方面的结构原则。③

① E. Kaufmann，Grundfragen der künftigen Reichsverfassung，S.26.

② Daran nimmt Stier-Somlo，Reichs-und Landesstaatsrecht，Ⅰ 101 zu Unrecht Anstoß；vgl. oben S.62.

③ 因而凯尔森的观点（在职能方面）是不正确的（Kelsen，Staatslehre，S.361，5. Soziologentag，S.50f.）。关于此种错误在个别实践问题上的体现，见 E. v. Hippel，Archiv für öffentl. Recht N. F.，10，150。文中的观点并不带有否定极富价值的对宪法，特别是当代宪法形式概貌描述的意味，特别是托马所作的描述（Thoma im Handwörterbuch der Staatswissenschaft[4] Ⅶ 730 ff.）。当然，只有遵从文中指出的道路，人们才可能避免因迷失于林内式体系（Linnésches System）而不知何为现实的危险。如果说国体是作为全体的国家的实现类型，那么国体的区分标准就是整合因素。特定整合因素在区分国体上的意义为其在整合体系中的位阶所决定。

第六章　联邦国家本质

作为这里研究指针的国家理论也引出了一种与传统学说有所 116
不同的联邦国家理论。

关于联邦国家和各成员国之间地位关系的观点往往流于并列关系或者上下级关系这两种模式。[①] 这些空间化和机械性思维图景在把握精神现实方面毫无用处，[②]最多只能将其视作概念化和直观化地建构特定法律关系的辅助观念。

在本质属性上将联邦国家道路归为于一种技术性总体规划，这样的做法与之没有实质差别。此种总体方案一方面被设定了调整工作分配的功能，在另外一方面被寄托了促成协同作业和执行行为的效果统一性的功能。[③] 这是客体化的机械主义和目的论，它们的确具备自身的理据，但对于理解精神现实没有任何助益。

最后，所有关于联邦国家的纯粹的法律理论也都毫无用处。到底是联邦国家是真正的国家，还是各成员国是真正的国家，这样

---

① Literatur z.B. bei Triepel, Kahl-Festschrift, Ⅱ 50 f.

② 下述成对概念的观念内容也与此类似：威权国家/人民国家，真正的议会/不真正的议会。

③ Haenel, Staatsrecht, Ⅰ 209 f. 这是一种对于联邦国家理论而言错误的出发点，正如从分工和目的论的角度理解权力分立对于宪法国家而言也是错误的出发点一样。

117 的二分法是否具有合理性，本书对此不予置评。真正有意义的是这一问题：此种具备两个政治极点——联邦国的和成员国的——的特殊的国家类型怎样才能是一种能被理解的现实？拉班德借用商业公司法上的范畴阐释这些关系的做法可以说一无是处。它仅是一种法学建构，且因其纯粹的形式主义没有半点用处，也不包含任何理论。

深入研究其个别因素，也无法满足在整体上充分地把握此种现象的需求。当下可以搁置在一旁的是，帝国监察是否是聚合而成的国家形态这一工作机器的首要调节器，[①]乃至帝国监察才是最为核心因而是最具特性的要素？[②] 比尔芬格勾勒出的宏大的现象关联是否也具有同等的意义？[③] 不过人们至少可以肯定地认为，这些因素只是调节用以实现韩勒尔（Haenel）意义上总体规划的工作机器的法律制度。在上述观点中，此种复杂秩序的生活意义及其作为一种精神现象的可能性已被假定存在，但却未像精神科学的理论所要求的那样使其能够为人所理解。

比尔芬格研究的一个贡献在于，他至少在各成员国积极参与联邦国家政治生活这层关系上，全面阐明了此种精神现实。然而，联邦国家理论还必须在此之外使联邦整体的意义也能够为人所理解。联邦国家理论不得使自身的认识停留在这一点：联邦事务上存在两种基本政治驱动力：一种是邦联主义的（fördralistisch），另一种是统

① Triepel，Rechtsaufsicht，S.3.

② 特里佩尔说（Triepel S.2），**“一种绝对决定性的角色”，“应该将其作为论述的核心问题”**。

③ Der Einfluss der Einzelstaaten auf die Bildung des Reichswillens，1923.

一主义的(unitarisch),[①]应在二者之间找出妥协方案。[②] 因为,即 118
便在其所有成员中存在这两种趋势,联邦国家仍然具有自身的意义:不是将互为敌对势力的双方强拉在一起,通过一种妥协使它们表面上结为一体,而是对于双方而言均具有内在必要性的生活统一体。在此种统一体中,双方并不是两个构成部分,而是两种要素,且统一体也不是双方外在的枷锁,而是它们共同的本质规律。[③] 联邦国家理论应该阐明,为什么联邦国家是一种有意义的政治体系(当然完全不考虑其在某一具体情形中的可欲求性问题)。联邦国家理论因而应该阐明,为什么成员国在联邦国家中不是实现国家总体上的单一国家性这一理想的不可摆脱的负担,而且成员国的独立存在也不是总体国家有利可图的并行制度或者减负机制,[④]而恰恰是整体的积极的力量泉源;[⑤]为什么成员国的独

① **“有两种追求。一种希望建立一种以共同起源或者其他因素为纽带的统一的民族国家,而另一种则只希望将民族国家组建为独立的国家联盟。”**(Triepel,Zeitschr. f. Politik,14,10)与之类似的还有兰克在关于特洛伊帝国主义论述的引言中(Weltgeschichte 12 Ⅲ,S.261)所作的对立化:**“这两种追求(中央主义的和地方主义的,合作主义的和单独主义的)永无休止地互相对立。前者是权力的基础,而后者是内部繁荣的基础。”**

② Triepel a. a. O.

③ So etwa Gierke,Schmollers Jahrbuch,1883,1167.

④ 尽管这是一个极为根本和重要的问题,例如对于联盟的存续具有生死攸关作用的联邦灵活性(N. M. Butler,Der Aufbau des amerikanischen Staates,dtsch. Ausg. 1927,S.109),或者瑞士的州作为少数派的保护角色,特别是少数信仰群体和少数民族的保护(Fleiner,Zentralismus und Föderalismus in der Schweiz,1918,S:16 f.,S.24 f.,Schweizerisches Bundesstaatsrecht,S.24 f.)。

⑤ So für die Schweiz Max Huber,Der schweizerische Staatsgedanke(1916)S.14. Und anschaulicher Gottfr. Keller,Nachgelassenee Schriften und Dichtungen(1893),S.360.

立性恰恰是帝国力量之所在，[①]而成员国置身帝国中也是一种积极的本性上和生活上的自我实现。国家的生活现实是整合，人们
119 极为正确地首先将成员国的生活永久性地置于整体中视为联邦性整合最为显著的意义：或是通过监察这种被动的方式（特里佩尔），或者通过参与不同形式的意志形成（比尔芬格）。然而，更为关键的地方在于，在一个健全的联邦国家中，各成员国不仅是被整合对象，而且主要是一种整合手段。因此，德国联邦主义的正当性实际上主要源于活跃于人们观念和记忆中的"王朝和部族"。前面提到的帝国总统于 1922 年 7 月 27 日所作的庄严公告其主旨也是如此。帝国政府于 1922 年 8 月 11 日发布的公告[②]中的如下表述将这一点表达得更为清楚明白：**"维护活跃的较小范围的共同体中的部族观念是友好地置身民族整体中的最佳保障。"**就德国的情况而言，应该注意到的是人们一再观察到的德国不同区域间在政治上的可统摄性的差异：一边是现代国民性——也就是说主要是城市市民的——社会，这样的社会对于现代单一制民族国家极具亲和力，另一边则是主要依靠地域、信仰等其他因素聚拢在一起的群体，对于这样的群体而言，单个成员国是帝国必要的整合辅助手段。[③] 就这一点而言，从民族性人民共同体（nationale

① 1922 年 7 月 27 日帝国总统艾尔伯特致拜恩州总理函，见 Jahrb. d. öff. Rechts，13，82. Ähnlich（我在此不宜对其发表意见）die Bayerische Denkschrift von 1926。

② Jahrb. d. öff. Rechts，13，85.

③ Vgl. z. B. die guten Bemerkung bei Schierenberg，Die Memelfrage als Randstaatenproblem，1923，S.27.

Volksgemeinschaft)中推导出各成员国自身国家性价值的做法[①]是极为正确的，而联邦主义者正是基于这种立场而与分离主义者有云泥之别。

使总体国家在各成员国面前具备存在依据、使成员国供其驱驰的因素，构成了总体国家独特的正当性。归根结底，联邦国家的 120
学说是关于联邦正当性的学说。

然而，正当性主要是以实质价值为手段的整合。尽管功能整合在联邦国家中极为重要，特别是人们在德国越发清楚地看到了帝国监察与成员国的影响力之间具有整合作用的相向而行或者合力而为，但实质性整合依然据有首要的地位。这一点在近代三个大型联邦国家(其他国家的联邦国家则不是这样，例如奥地利)的产生和运行方式上表现得特别清楚。这一点之所以在这些方面表现得特别清楚，原因在于这三个联邦国家都脱胎于邦联，面对各个之前具有主权国家地位的成员国，它们(类推使用社会契约理论)必须具备产生的依据。我尝试通过这些重要的个案使近代联邦国家问题变得更为直观，而不只停留于理论推演。

在三个大型联邦国家的历史中，有两类实质性内容以变化着的组合形态交替呈现。第一类实质内容是使得整个民族在外交、军事、经济和贸易方面具有整体行动能力的技术必要性；第二种实质内容则是一种观念内容，人们以它的名义团结在一起，形成一个

① Koellreutter, Der Deutsche Staat als Bundesstaat und als Parteienstaat, S. 18. 如果说各成员国因此(不是在《魏玛宪法》第 18 条的技术性目的论意义上)而在整体中具备正当性，那么这并不必然意味着成员国在任何方面都是通过整体而在法律上获得积极的正当性。后文还会详述这一点。

民族，而且这种观念内容还赋予国家一种特有的精神风貌(Ethos)。

美国的联邦国家史发端于第一类实质内容，其被缔造的意义是纯技术性的。众所周知的是，当时的宪法不含基本权利。尽管龃龉不断，但政治精神的统一性起初竟如此理所当然，以至于根本无须表述出来(在门罗主义中是特意相对于欧洲被明确表述出来的)，且宪法上的共和国宪法的保障(第 4 条第 4 项)只是一种保护承诺，而非成为共和国的强制性要求(《魏玛宪法》第 17 条就有此含义)。只到 19 世纪才发生了围绕着这个国家特殊民主精神的斗争，而自《第十五宪法修正案》起，这个国家才成为了基于宪法为特定观念原则所决定的国家。

121 瑞士的联邦化道路则与之相反。瑞士的联邦国家是一种观念纲领在国家法中得到确立的形式，也即在分离主义联盟战争(Sonderbundkrieg)中大获全胜的自由主义观念纲领。健全的保护少数派的机制以及人口稀少的少数派州在联邦院中不成比例的投票权重对此纲领有轻微的弱化作用。与之相反，1874 年的改革则是由技术性要素所主导的。

在此观察视野中，人们可以更为清楚地认识到俾斯麦所缔造的帝国的根本特性。

“保罗教堂宪法”意欲缔造同时满足技术上(特别是在外交和经济政策方面)、行动能力上和精神上的三种要求的民族国家，“俾斯麦宪法”仅将自身定位于技术性问题的解决。

首次帝国议会上的皇帝致辞就已经明白无疑地宣明了这一点。关于政府的统一问题，皇帝致辞中有这样的表述：“**在既往情况的基础上，通过一定数量特定的、有限的但极为重要的制度，而**

且这些制度不仅必须具备直接的可能性，也必须具备毫无疑问的必要性。”这就意味着各个成员国政府的统一仅意味着一种限制，而此种限制的正当性在于，“**就捍卫和平、保障国土安全和促进居民福祉这些目的而言，各个成员国做出一定的牺牲是不可或缺的**”。[①]

《帝国宪法》的特性本身也与之相符。当代民族国家在宪法中用以表明自身属性的一些仪式性做法，例如壮怀激烈的序言，[②]挟着宪法政策上的某种箴言的威严而对基本属性、国体所作的表述，以国徽和国旗作为自身的象征（在第55条中完全被处理 122
成一个次要的技术性问题），通过基本权利清单宣告信奉现代民主国家的自由主义基础[③]，针对所有这些，“俾斯麦宪法”未置一词。这一新生的政治整体明确地以“**围绕着国防、贸易、其他在宪法开头段落中提到的对象的政治性目的联盟的形象示人，而非作为一种常态的统一体以及一种精神上的民族统一体**”[④]。此种联盟的机构组织也与之相适应：仅仅是出于此种目的，邦联大会（Bundesversammlung）和主席团（Präsidum）被直接从法兰克福承继过来，作为联邦和帝国的两个最高机关，帝国议会（Bundestag）是唯一新设的机关。人们完全可以将这样一种组织结构理解为曾

① v. Holtzendorff-Bezold，Materialien，Ⅰ 72.

② 1867年和1871年宪法的开头与典型的国际条约格式没有显著的差别，当然也有些因地制宜的差异。针对为了满足被设定的目的而对此种格式进行的变动，维也纳学派做出了“反自然的”的评价（Wittmayer，Reichsverfassung，S.39）。

③ 将此缺陷归因于俾斯麦的个人倾向和纯粹国家理论与法律理论中的实证主义，最多触及次要层次上的动机。瑙曼的观点才是切中要害的，见 Naumann，a. a. O. S. 176。

④ Naumann，a. a. O.

经一再被要求的对邦联执行机制改革呼声的满足，或者说是对邦联技术性改革纲要的满足。即便第三个机关承载的民族统一的激情笼罩着从邦联议会移植过来的领域，主席团变成了皇帝，且因之被提升为最有力度的民族性的整合要素，宪法也仿佛对此视而不见。“俾斯麦宪法”没有创设新帝国的主权者，且将关于皇帝的规定置于没有任何色彩的“主席团”的标题之下，而“主席团”在顺位上也只是排名第二的帝国机关。而且，“俾斯麦宪法”也听凭人们指责国家法背弃了凡尔赛宫的宣言。①

此种充分顾及各成员国和王朝颜面，且以赢得它们的支持为核心诉求的 1867 年和 1871 年帝国所缔造的独特属性的宪法理论上的核心思想在于，新设的国家整体不是以自身为根源的国家性

123 个体，而是宪法的民族联盟霸权模式的结果。更为确切地说，新设的帝国不具备源于自身的国体和正当性。一个联邦只可能拥有联盟的形式，不可能拥有国体。从这一层认识出发，人们可以不费吹灰之力地克服国家法学在俾斯麦帝国国体问题上所面临的窘境。② 俾斯麦终其一生一直竭力阻碍帝国政府产生的可能性，其用意也正在于此。

帝国的实际构造同样遵循此意。至少就第一印象而言，这主要是一个功能整合的体系。因为能够掌控先前使“保罗教堂制宪

---

① “俾斯麦宪法”中国际行政协议书语调式的谨慎和谨小慎微的语言不仅令人想起王储对德尔布吕克的著名批评：**“他简直就是从裤兜掏出皇冠展示给众人看。”**

② Z. B. Jellinek, Staatslehre[2] Ⅰ 695, weinger deutlich in der 3. Aufl. Richtig Wittmayer in Fischers Zeitschrift für Verwaltungsrecht, 57, 149, vgl. auch Festgabe für O. Mayer, S. 268 f.

运动”破产的分离势力，[①]俾斯麦的杰作向来为人津津乐道，[②]其作用的发挥基于两个因素。首先，在联邦参议院中，任何一个成员国政府的主权性都得到了毫无疑义的体现。其次，条约忠诚原则(Vertragstreue)、所有参与方(所有的成员国，特别是其中的普鲁士，以及因之建立了盟约关系的帝国顶层人物[③])的“忠于联邦性”以及所有参与方基于此种精神持续地参与帝国生活[④]，构成了帝国整体的存续及其生活的主要基础。而且，普鲁士的霸主地位使联邦性领域和统一性领域不可分割地咬合在一起，依据经受了历史考验的俾斯麦的总体计划，帝国整体性并非主要以帝国议会为 124
依托，且帝国议会的影响力也不是决定性的。[⑤]

此种帝国不仅在国家属性方面被人否定，而且也有人怀疑其是否具有民族国家必备的精神，这丝毫不令人意外。此种帝国绝非不具国家属性，而是通过艰苦卓绝的奋斗所缔造的民族国家，只不过这一奋斗目标的实现途径是间接的，毕竟“保罗教堂制宪运动”试图通过常规立宪主义的因而近乎单一制国家的宪法直接对

① Vor allem von Triepel, Unitarismus und Födralismus im Deutschen Reiche, E. Kaufmann, Bismarcks Erbe in der Reichsverfasung.

② 极有启发意义且没有充分研究的一个问题是，传统的理论将各成员国的代表理解为一种补充性的而非联邦的机关。这样的立场是传统的阶层社会式的或者自由主义的。见 z. B. die bei Brie, Bundesstaat, S.115, 181 Angeführten。

③ 我的一个与之相关的研究为：Ungeschriebenenes Verfassungsrecht im monarchischen Bundesstaat, Festgabe für O. Mayer, S.13 ff。

④ Dazu Bilfiger, Der Einfluss der Einzelstaaten auf die Bildng des Reichswillens, und besonderes präzis in Veröffentlichungen der Vereinigung deutschener Staatsrechtslehrer, 1. S.35, 37.

⑤ Vgl. die Reichstagsrede vom 8.5.1880, insbes, die Stellen bei H. Kohl, Reden, 8, 188 f.

统一的民族国家进行规范性建构的做法被证明是行不通的。因此，尽管整合性地缔造一个伟大民族国家的澎湃激情在其宪法中至多只在帝国议会这个制度中有所体现，且通过皇帝嗣后潜滋暗长式、持续性植入才得到明白无疑的表达，新的德意志民族帝国还是产生了。对此，如今已无任何疑义。虽然是从纯粹法学的角度来看这个帝国在法律关系、权利主体、国际法乃至主权等方面没有什么企图心，其所追求者乃是通常未被人们认识到而更为重要的一个方面：具备正当性。其比较独特的地方在于，尽管 19 世纪常规的正当化模式是特定国体赋予特定正当性，这个帝国却小心翼翼地避开了此种途径。较之“保罗教堂制宪运动”的参与者，俾斯麦更为清楚地看到了德国联邦化的两种道路：要么是整体国家决定各成员国的国体及其正当性，要么反之，因为在一个联邦国家中同时存在联邦的和成员国的多重与有差异的国家精神是绝不可能的。俾斯麦一反所有先例和理论，让整体从（普鲁士的霸主地位也作为其中的主要因素）部分中获得自身的本质规定性。故此，俾斯麦与一切能够令人联想到帝国自身的国体和自身的国家精神的要
125 素保持距离（被俾斯麦[①]错误批评的之后的实证主义国家法学对于帝国的国家属性的怀疑正是以此为基础的），且不断强调帝国成立的条约基础和忠实条约原则。民族国家和民族议会的正当化力量是一望便知的，而从成员国及其当下依旧强劲有力的国家精神中汲取的正当性，只能借助这种对于法学的形式主义而言没有意义、对于理解公法充满误导性的构造。

① Beyerle a. a. O.

如此，人们才能认清“俾斯麦宪法”政策的整合体系之全貌。这一整合体系绝非仅在于确保帝国要员、普鲁士和各成员国之间职能上的协作关系，否则那些书生之见就不是毫无根据的了。此种斥责俾斯麦帝国缺乏精神[①]的文人浪言一方面是遵奉尼采和拉加尔德的浪漫主义反国家立场的结果，另一方面则是由对可能性和必要性以及当时国家生活现实的无知所造成的。一个国家的精神性意味着有能力利用实现自身正当化的力量和价值。《保罗教堂宪法》和《魏玛宪法》是否同样有效地完成了这一使命，是一个仍需探究的问题。

《魏玛宪法》必然部分地摧毁和部分地颠倒了这一格局。被摧毁的是这一格局中的整合体系。该体系的基础为通过联合君主和官僚体系所达成的帝国顶层与各成员国之间牢固的团结一致性。之前，君主和官僚体系在普鲁士霸主地位和帝国议会的压力下结成一体，且凭借联邦参议院的无责任性这一堡垒对抗帝国议会和公共意见。尽管这一力量抗衡体系的灵活性在此前特别是自1890年起已经日渐丧失，但其整合力未受任何动摇。被抛弃的是以各成员国为根基的帝国构造。在新的国家构造中，各成员国在当下更多地被视为一种对抗性力量，与其说它们已融入其中，倒不如说它们已变休克。即便如此，联邦国家的整合体系也理所当然 126
地有部分残留。其对于帝国的功用，[②]以及帝国总统和帝国政府

① Statt vieler Beispiele eines, das aus mancherlei Gründe niedriger gehängt zu werden verdient, H. Mann, Macht und Mensch, z. B. S.144, 176.

② Vgl. z.B. für den Kapp-Putsch, Jahrb. d. öff., 13, 5. Anm.

于1922年对其作为帝国根本基石的根本性承认，为比尔芬格证实的各成员国的实际影响力及其与之相应的发挥影响的权利提供了坚实的正当性。因此，保障其至今仍然保有的法律地位不能被理解为对特殊利益的保护：行使这些使其能够被整合入帝国整体的权利，更多地参与帝国政治而非仅仅局限于地方政治，体现的正是成员国的根本属性。

此外，作为一部革命宪法，《魏玛宪法》必须反转正当性的位序：如今是帝国在序言、国体规定和通过国旗、基本权利清单等达成的国家精神的象征化中决定了德意志国家生活的终极正当性和根本基础，且将其强制施加于各成员国。

在上述《魏玛宪法》基本都具备的趋势中，存在一些具体问题上的宪法政策方面的失误。人们低估了普鲁士-德意志问题和联邦州本身的意义；强加给联邦州的配以比例选举法的议会制使得帝国本身感到不适；帝国本身也必须对抗其通过《宪法》第18条召唤出的幽灵；国旗问题的解决方法、过分强调单一制国家的成分以及基本权利的内容等，与其说是统一性和整体力量的促进因素，倒不如说是其负面因素。此种弱化宪法现象的深层次原因在于混淆了被规定的任务和作为牢靠基础的得到保障的整合力量和正当化价值，混淆了目标和前提，混淆了宪法理念和可资使用的手段，混淆了应该的（Gesollt）和能够的（Gekonnt）。在类似情形中，瑞士通过战胜分离主义联盟的战争奠定了宪法统一性的基础，并确立
127 了其宪法生活的质的和形式的功能整合，且为由之形成的政治现实设定了贯彻新的联邦精神的目标，正如北方国家在整个邦联中贯彻自身的精神只能是分裂战争或者通过其他方式巩固了统一性

的结果。魏玛、保罗教堂与俾斯麦在宪法政策上的根本差别在于，俾斯麦能够自如地掌控各种整合手段，且对当时国家正当性的泉源有着出于本能的清楚认识。在俾斯麦的功业中，人们尚未充分提炼出这一认识：存在特殊的联邦国家的整合问题和特殊的联邦化的正当性问题。[①] 我们可以在理论的层面指出了这一问题，解决它却需要凭借政治实践层面的强大的观念力量和擘画能力。依我之见，主流意见对帝国监察和国事法院有所高估，属于在实践层面从局部出发解决这一问题的错误做法。对于此种观点，我在后文中还会展开进一步的批判。

对于国家理论而言，且与层出不穷的对现实联邦国家可能类型的理论化加工相比，研究从具有总体国家和成员国家这两种政治中心的、作为统一整合体系的联邦国家属性中和从何者构成正当性来源问题上做出选择的必要性中产生的问题，是更值得称道的任务。

① 维特迈耶的表述虽不清楚，但其认识是值得赞同的：联邦国家理论摧毁了政治和法律上的整合概念。

第三部分

实在国家法

第一章　宪法的整体解释

本书的研究目的不局限于为一种将国家和宪法视作精神现实 128
的精神科学理论做奠基工作，也包含服务于国家法学之意。这些观念正是在处理实在国家法问题的过程中产生的。[①] 因此，这些观念也必须经受实在法层面的考验。

在第二帝国国家法学的经典作品上，本书与迄今为止的主流国家法学在处理整个国家法体系上的对立性可以得到更为直观的展示。韩勒尔乃至赛德尔较之拉班德的论述更具合理性，原因在于前二者的作品均首先将帝国国家法当作一个精神整体，然后再在这一意义整体的指引下处理具体问题。尽管这两位作者的整体观念自始就存在一定的片面性，且在某些地方的具体运用上成为错误的根源，但这并不妨碍其基本出发点的正确性。即便是在出现错误的具体问题上，错误的根源也是可以得到及时纠正的，而拉班德在一定程度上（因其是违反自身原则的）无意识的或者至少可

① Vgl. Arch. d.öffenti. Rechts N. F.9，38.

以说是没有明确表述出来的实质先定立场，成为了被其错误地标
129 榜为纯形式和无先定立场的论据之无法检验其正确与否的根源。此种危险在其作品的漏洞中表现得更为明显：其作品越是力求彻底地、技艺超群地和事无巨细地处理所有国家法的素材，其素材贫乏性和错误理解法律基本原则的迹象就会愈加明显，正如特里佩尔以其关于帝国监察的巨著在宪法的国家单一制因素方面所揭露的那样，以及其他学者[①]在宪法的邦联性因素方面所揭露的那样。这一关于“俾斯麦宪法”的代表性著作既没有看到这部宪法本身的问题，也没有意识到宪法本身的问题。其根源在于对于形式方法的迷信和其针对所有能够实在把握的具体细节之外的现实和规范内容所持的不可知论的立场。就“俾斯麦宪法”的外交辞令式措辞风格而言，拉班德处理这部宪法的方式与这部宪法处理问题的风格极为近似，这看起来真是一种极为特别的契合现象；韩勒尔更为深刻的观点之所以能够经得起考验，原因在于尽管存在此种特殊宪法技术，但他仍然认为有必要也将保罗教堂意义上的国家整体理念作为处理“俾斯麦宪法”的基础。

尽管拉班德的方法极大地提升了概念技术，但此种方法也同时成为了更为深刻地理解其对象的障碍，故而它既是在俾斯麦帝国成长起来的一代人教育的去政治化症状，也是成因。令人惊异的是，有的人批评德国自俾斯麦时代起且因俾斯麦之故的去政治化现象，但这些人对于此种方法却完全视而不见，尽管其为最明

---

① 见 Bilfinger Einfluß der Einzelstaaten；E，Kaufmann，Bismarcks Erbe，以及我关于不成文宪法的研究。

显、最纯粹并且同时也是最为严重、最令人忧虑的一种去政治化情形。就这一点而言，这个国家本身是没有任何过错的，有过错的恰恰是那种如今正批判着国家的非政治性的观点。

*　*　*

缺乏一般性意义导向（Sinnorientierung），法律实证主义也会左支右绌，其在论证过程中一再援引的“事物的本质”（Wesen der Sache）等与之类似的方面，往往使其一般性意义导向暴露出来。[①] 130
这样的一般性意义导向未经方法论层面的加工，因而无须在学术的层面承担责任。以此种方法开展学术研究的人往往根本没有意识到，这种方法就是人们常说的**“对自身所做之事一无所知的方法”**。[②] 本书则尝试明确地意识到此种意义导向，并系统地将其内容表达出来。基尔克前批判性和朴素的有机体说就有针对这一点的清楚表述。对于范围有限的问题而言，丰富的经验可能有助于人们认识到这一点，例如比尔芬格的论述。法学本身，以及在其客观性方面尤其问题重重的国家法学如今必须通过批判性反思在方法论的层面获取这一点，且将其作为解释实在法的基础。

倘若前文论述的国家整合体系是使命性意义关联，且国家法学必须以此种意义关联作为自身基础的话，那么接下来必须证实

① Vgl. das Labandsche Beispiel bei Bilfinger, S.6 f.

② E. v. Hippel, Arch. d. öffentl. Rechts. N. F., 12, 418. 关于此种一般性的不清晰性及其对于政治客观性的危害，见 Das.S.401。本书所持的立场应该满足黑珀尔的要求。

它对于以其为导向的研究工作的成果具有积极的意义。当然，此种积极的意义不可能立刻显现，其被证实、被修正或者被摒弃，只能是长期试错过程的结果。因此，我在后文中仅仅略微阐明此种意义导向能够直接展示其积极促进作用的若干方向和个别问题。我将优先讨论的是宪法作为一个整体的问题，或者说如何确定宪法的内容界限问题，以及解释宪法的根本方法。

* * *

我们首先碰到的体系性分隔任务是在国家法与行政法之间划
131 出界线。我们在前文已经驳斥了传统的**“行政法以国家的功能运转为对象”**的信条。[①] 与行政法一样，国家法同样调整公共生活，甚至在一定程度上二者调整相同的公共生活。例如，只要二者均以行政管理为其对象，在前者的语境中就是权力分立的构成部分，是执行权力，而在后者的语境中则为孤立的国家目的行为体系本身。由此我们可以看到二者的问题和对象的差异：国家法是整合法，行政法是技术法。一种规范组群的指导性思想是各种国家制度有整合力的相互作用和服务于国家生活整体的功能运转，另一种规范组群的指导性思想则为行政管理本身和在技术层面实现其各个福祉目标本身。

这个问题涉及的不仅仅是将素材分配至这一个或者那一个课程或者教科书中，相反，更为重要的是在具体情形中找出对于解释

① 见前文第102页以下。

和评价素材具有决定性作用的意义关联。人们将会错误地理解一个法条，扭曲了它的本意，假如人们将其置于一个依其本身的属性并不属于其中的关联中，且据此理解它。可能即便是在形式主义那里也不会存在这样的幻想：一个法条在任何地方均需得到相同的解释和同样的适用，无论其被置于公法还是私法、形式上还是实质上以及政治性还是技术性法律的关联中。

一个实际问题能使这一问题的实践意义凸显出来，例如组织权力和法律保留的问题。无论是主流的将组织权力归为行政首脑的观点，[①]还是支持者较寡的将组织权力归为立法机关的观点，[②]都难以令人信服。唯一令人满意的是传统的认为职权是基于历史偶然事件而归为某一机关的观点。[③] 前述观点的错误在于将所有 132
组织问题都强塞入一个框框中，仿佛某种专门的行政管理的中下级部门的技术性变动与能够在官员选任问题上导致议会发挥影响力的途径、政治竞争关系发生变化的中央部门中的变动具有同样的着眼点。显而易见的是，国家技术属性变化与政治本质属性变化并非理所当然地属于相同的问题。在文献中可以时不时地发现人们对此差别有着本能的感觉。即便人们以传统的个人主义的自由与所有权公式作为判断法律保留的标准，[④]行政技术性组织规范与有政治作用的、整合性的，且正因为如此才更加关乎个人、更

---

① 其个人主义的核心观念体现得最为清楚的，见 G. Jellinek，Gesetz und Verordnung，S.387。

② 最新的观点，见 L. Richter，Die Organisationsgewalt，1926。

③ So mit Recht Hellpach，Neue Rundschau，Juli 1927，S.3.

④ So etwa G. Jellinek a. a. O. 在此问题上最为显著的且毫无头绪的例子，见 M. E. Mayer，Rechtsphilosophie，S.55 f。

应该属于其议会中代表的决断领域的规范之间的差别也是极为显著的。

*　*　*

第二个且与第一个问题有着密切关联的问题为实质意义上的宪法和形式意义上的宪法之区分。形式主义不可知论质疑能够摆脱成文宪法条文的偶然内容的约束，提炼出一种规范的体系，且这种规范是人民负担的国家整合秩序的任务在实在法层
133 面的履行尝试的主要构成部分。[①] 然而，此种履行并不是轻而易举的，[②]至少这一任务的履行绝不可能局限于摇摆不定的列举中。[③] 只有积极不断地将国家法的素材关联和回溯至作为国家法意义导向的一个单一的意义原则，人们才能获得完成这一使命的途径。宣称这一问题无解，意味着国家法学自我放弃作为体系化学科的资格。

---

① 抱有怀疑态度的例子有：Nawiasky, Archiv d. öffentl. Rechts, N. F., 9, 13 f., Lammers Juristische Wochenschrift 1925, 986, Anm.1。目前这一问题的答案还停留于刑事法官在以叛国罪为对象的“宪法的根本基础”问题上所采取的标准(例如，ERG, Strafs.56, 173 ff., 259 ff.)。涉及这一问题的文献表明宪法理论在实在法上的一个紧要问题上毫无建树。在这个问题上还可参见 Bilfiger, Archiv d. öffentl. Rechts, N. F.11, 181 ff.。乌尔噶斯特提醒我注意《挪威宪法》第 112 条的一个适用情形(宪法原则的不可更改性)。

② 至少绝不会像卡尔·施米特所说的“组织＝常态”那么简单(Veröffentlichungen der Vereinigung der deutschen Staatsrechtslehrer, Ⅰ 91 f.)。

③ Wie bei G. Jellinek, Staatslehre,[3] Ⅰ 505.

* * *

使宪法与其他法秩序区分开来的标准永远是规制对象的“政治”性。当工人和士兵委员会宣布自身为“政治权力”的拥有者[1]而联邦参议院保留行政管理权限之时，[2]这一区分便在德国革命中得到不证自明和举世公认的表达。因此，“政治的”(Poltischen)概念对于国家法学而言是不可或缺的。恰恰对于极为关键的区分性和对照性运用而言，在定义这个概念之时，不得仅通过“与一种国家目的建立关联”[3]的方式，或者按照卡尔·施米特新近采取的方式，[4]而只能采用作为前文论述的基础方式。

* * *

更为重要的根本性结论体现在宪法解释方面。

形式主义的方法在这一领域放弃了有意识地将精神科学的国家理论——一种关于其对象的特殊实质本质的理论——作为其开展研究工作的出发点。这种方法在此种对象上运用通常的一般性 134

---

① Erklärung des Vorstands der Unabhängigen Sozialdemokratischen Partei vom 10. November, bei F. Runkel, Die deutsche Revolution, S. 118; Abkommen vom 22. November zwischen Volksbeauftragten und Berliner Vollzugsrat, bei Anschütz, Verfassung des deutschen Reichs,[3./4.] 14, Anm.12.

② Verordnung v.14.11.18, RGBL. 1311.

③ Triepel, Kahl-Festschrift, Ⅱ 17.

④ Arch. f. Soz. Wiss. u. Soz. Pol.58 1 ff.

法律概念，这些概念在很大程度上是沾染了强烈的统治色彩的社团法概念。如此一来，宪法就被分割成由各个规范和制度构成的集合。通过研究其在创设形式法律上的意志权力、形式上的义务这些方面的内容，这些集合又被归入流行的一般性格式（Schemata）中。然而，此种方法自始便忽略了宪法与所有其他法律素材之间的区别：规制其他法律关系涉及的是对无限多的个案所进行的抽象的、以最大程度上的平均水平的合宜性为目标的规范化；与之相反，宪法是唯一具体生活现实的个性化法律。任何宪法的解释者至少能够从宪法的开头，从序言，关于国土的规定，国体、国旗等的规定中，体察到这一点，即便他认为这一点因"意志领域的区隔"的缺失或者不明晰性而对法学的研究毫无意义。这里涉及的是一种具体存在的生活的法律，更确切地说，涉及的是其整合的法律，此种具体存在并非一个僵硬的雕像，而是一个统一的、一再不断重新建构此种现实的生活过程。如果仅限于指出若干一般性规则，我们从中至少可以得出三个方面的结论。

第一，不得孤立地理解所有国家法上的各个细节，而是应该将其当作通过其实现意义关联和整合的整体之功能运转的要素。下面的具体阐述只是为此举出一些例子，而围绕着这些例子眼下也只能停留于略加论述。

就表面上看，应该在帝国监察方面采取与地方监察相同的处理方式：二者涉及的都是上级公法团体与下级公法团体之间的关系，下级机关均基于公法对上级机关承担完成特定任务的义务，而为了确保此种义务的履行，下级机关受到上级机关监察权力的约束。如果法律刚性和国家利益有所要求，那么就有必要针对市镇

行使地方监察权。地方政治的因素尽管在此不会全然弃之不顾，135
但这绝不是一种法律上的要求。而对于宪法上的帝国监察，人们不能采用此种简单的处理方式。帝国监察是帝国和成员国之间动态的结合秩序的一个因素，必须通盘考量其与各成员国在宪法上针对帝国的影响力（只限于确保不与成员国自我的政治感受不相冲突），必须通过更为上位的主宰帝国与成员国之间关系的联邦友好原则（Das Gesetz der Bundesfreundlichkeit）、所有成员合乎义务行为的趋势使帝国监察与成员国对于帝国的影响力始终处于相互协调、具有积极意义的共存关系中。因此，即便是在《魏玛宪法》中，也不得将帝国监察上类似于外交语言的行文方式理解为实质上的“统治者与臣子”[①]之间关系的一种客套说辞而已，相反，这种行文方式正是和在表面上与之相似的地方监察的深刻区别的极为恰切的表达。

同样，人们也不得将国事法院制度与民事、行政审判制度等同视之。宪法为议会中少数派提供的保护有别于民事诉讼对部分股东个人权益的保护，因为此种保护必须服务于当事人之间的整合性结合；成员国享有的针对帝国的司法保护有别于地方享有的针对国家监察的行政审判制度上的保护，因为此种保护在这里只是众多沟通途径之一种。无论其自身意愿如何，民事审判和行政审判的当事人均可以始终为司法判决和司法执行等最终手段所强迫，而针对延宕策略、分离运动等类似行为却不可以采用这些常规的手段。这不仅仅是出于宪法和宪法法官实际成效机会的特性认

① Anschütz, Anm.6 zu Art.15 der Weimarer Verfassung.

识，相反，这恰恰意味着宪法和宪法司法的特殊性质。[①] 在此领域中，不应不断地乃至根本不可以采用强制性手段，义务的履行只能
136 寄希望于当事人的善意、互相沟通的义务，以及合乎宪法要求的相互协作。因此，此种审判制度只是——特别是在那些最为严重的情形中——必须被假定为善意的当事人相互沟通的手段和阶段之一。而各方当事人也只能在这一层意义上运用此种手段：正如帝国监察权力不得发布“命令”，依据第 19 条提起讼争者也不得为了法律上的胜利而斗争，其目的只能是沟通。《财政平衡法》第 5 条第 2 款上的强制性协商义务恰切地体现了这一关键要点，就这一点而言，国事法院的判决只是一种仲裁意见、一种替代性的合意达成过程。[②]

将各个国家法的规范置入国家整合关联中，可以导出另一个结果为各个规范之于这个体系的不同价值和等级差异。此种等级问题是一种法律问题。对各个规范和制度进行恰当的价值评估，显然属于国家法教科书的真相阐明义务。[③] 主流法律评注认为，关于帝国国旗的规定只是为行政机关和商船航行设定了特定的义务，这是对《魏玛宪法》第 3 条极不正确的解释。人们无法从中得知宪法为此种宪法制度（从其位于宪法文本的开端便可推知）赋予的极高等级，而且此种等级不是由共和国保护法的刑罚规定所确定，相反其为此种刑法规定的前提条件且被置入刑法的保护中。[④]

① Vgl. oben S.105 f.

② Vgl. zu dieser Frage unten S.171 f.

③ E. v. Hippel, Arch. d. öffentl. Rechts, N. F., 12, 417.

④ Vgl. Veröffentlichungen der Vereinigung der deutschen Staatsrechtslehrer, Ⅳ 48 f.

基于《帝国宪法》，议会主义体系是否应被看作第一位还是第二位的宪法原则，这是一个法律上的问题。[①] 其他法律领域与之并无本质不同，只不过基于其特别强的体系封闭性，国家法上的整合体系各部分的等级位序问题在更大程度上属于法学应该探知的法律 137
内容。法律实证主义者应该也会承认这一点，只要其尚未进阶为规范逻辑主义者。在后者的地盘上，所有的猫在白天也都是灰色的。

最后一个结论是宪法的可变性、宪法变迁（Verfassungswandlung）的可能性。这是由宪法的整体性所造成的这一法律领域的一个特殊之处。[②]

作为整合体系，宪法应该确保一个永远不断变化的任务得以完成，这一任务必须始终被富有成效地完成。完成这一任务的要素会因不同的时代和不同的环境而有所不同。此种变迁可能发生于宪法之外，如果此种变迁处于为宪法所假设甚至算计在内但并未予以调整的社会自发性领域、“宪法外的”[③]力量的领域，例如政党生活的领域。如果其逐步变动宪法上的各种因素、制度和规范之间的等级和比重关系的话，那么此种变迁可能会触及宪法本身，[④]此种变迁也有可能会为宪法生活引入一种新的因素。为海尔巴赫所预见到的[⑤]部长们创制性地颁布行政法规的实践（Verordnungspraxis）

---

① Wittmayer，Reichsverfassung，S.38.

② Zum Folgenden auch Bilfinger a. a. O.，S.175ff.

③ Triepel，Die Staatsverfassung und die politischen Parteien. S.24.

④ Z.B. Koellreutter，Der deutsche Staat als Bundesstaat und als Parteienstaat，S.29.

⑤ Neue Rundschau，Juli 1927. S.3 ff.

对于议会主义的限制可能属于此种情况。后两种情形均属于变动了实质意义上的宪法内容的“宪法变迁”。毋庸赘言，此种变动无须受制于产生习惯法的条件要求。这可以从宪法的属性中得到解释。宪法规定了一个持续性地实现其自身意义的整合体系，此种
138 意义实现不仅仅是立宪者的指导性原则，甚至也是宪法制定法变动不居的效力续造的指导性原则。

*　　*　　*

外国理论和实践上的宪法解释与德国的区别之处在于，无论是有意识地还是无意识地，其论证更多地以宪法整体的意义和本质为出发点。与之相反，德国则更多地以细枝末节作为论证的出发点，并以形式主义的方式处理这些细枝末节，而为了弥补此种方法的不足，通常又无意识地通过政治上的考量获取最终的解释结果。因此，在缺乏对其研究对象精神性认识的同时，德国学理上以及特别是德国法院的宪法解释也缺乏外国的宪法解释所通常具备的富有成效性和深入人心性。外国在此方面依然具备的精神上的前提主要是前批判思维的朴素性，这对于德国而言已是不复存在和不可重建的了。本书尝试进行的奠基性工作可能能够指明德国的研究方式到底缺乏什么，以及促使其在研究细节问题时也能从宪法整体的精神意义出发。

第二章　宪法机关法

对于将宪法视作一种整合秩序的理论而言(我们在前文中已
经指明了此种理论思考问题的方向[①]),主流国家法学处理国家机
关法的方法漏洞百出。主流学说在逻辑上使国家机关法从属于国
家机关应予服务和组织的国家职能的法律,[②]这样的做法歪曲了
宪法文本被规定和被设定的意思。国家机关法的意义并不仅仅在
于为立法行为和执行行为创造拥有全权的主体。在机关的组建、 139
存在和运行中,国家方得富有活力、现实以及实现自身的整合,这
些完全不取决于各个机关行为的法律内容。

下文将从这一观念出发,得出若干法学上的结论。

*　*　*

在机关组建法领域中,我们可以从中得出备受关注的议会体制问题的答案,特别是内阁法律制度的。我将在后文中处理这些

---

① 见前文第 109 页。

② 如果此种从属地位在论述中并未得以体现,那么就存在一种逻辑上的缺陷。这是一种完全不取决于国家职能之履行的国家机关本身应该具备但又不为主流学说所知的意义。

问题。

就机关组建法包含的整合目的而言，我们可以在原则上认为机关组建法的规范属于实质性法而非形式性法。[①] 我也将再次讨论这个问题。

＊　＊　＊

在最高国家机关存在本身的整合意义问题上，主流学说的捉襟见肘之态显现得特别突出。主流学说只能通过罗列其职权、论述这些职权的政治意义或者基础政治观念阐释一个国家机关的宪法意义。[②] 然而，当人们比较帝国总统与法国总统的权限时，主流学说必然因之陷入窘迫之境。如果人们在实践中道出了宪法的真意，例如第二任帝国总统在其就职演讲中指出，帝国元首“**体现民族的统一意志**”[③]，那么通常的宪法解释只会认为这是一种“政治性的”“事实上的”意义，根本不具备宪法基础。然而，毫无疑问
140 的是，是宪法使帝国总统有权利且有义务承担这一整合性角色，是宪法使所有帝国机关和帝国公民有义务承认这一角色。同样，若是依照主流学术的思路，君主制国家中君主的地位和尊严与其所有机关职权一样，最多以庆典规则和陛下尊号为基础，在

① 巴伐利亚行政法院的一个（理由不充分的）判决（Sammlung von Entscheidungen 46，59 ff.）表明，选举程序到底是形式性法律还是实质性法律的问题在实践中可能是极为重要的。朔伊尔指出了这一点，见 Scheurl，Einführung in das verwaltungsrechtliche Denken，S.63 f.。

② Richtig dagegen Gierke，Schmollers Jahrbuch，1883，1136.

③ Voss，Ztg.12.5.1925.

整体上缺乏宪法依据。毋庸赘言，这是对宪法的一种重大误解，而且上文所征引的帝国元首的庄重宣言恰恰是帝国宪法意志的忠实履行。只有遵照本书点明的路径，人们才能发现此种观点的根据。

*　　*　　*

帝国参议院的意义主要在于功能整合的领域。帝国和成员国之间整合性交往的主要部分寓于帝国参议院中的磋商以及与之相关、由之决定的帝国中央和成员国之间的沟通活动中，无论此种关系所涉对象为何。这个部分对于帝国的生活是极为必要的，故而包含于帝国宪法的意图中。[①] 因此我们有理由认为，至少就先前的法律而言，各成员国之间于本国的代表机制之外达成的一致性意见可以替代宪法上规定的联邦或者帝国参议院的决议，[②]相关规范的整合性意义由此能够得到完全实现。

在某些情形中至少应该稍作考虑，是否只有整合意图本身才能为某一机关提供宪法上的正当性。众说纷纭的帝国议院战 141
争罪责调查委员会的设置问题就是这方面的一个例子。主流

① 帝国宪法规定成员州的某种机关之存在，应该被看作功能性沟通法律原则本身，特别是成员州一般性影响权利法律原则在机关法律事务上的表达。例如为帝国参议院规定的一种形式上的权限规定（例如在提名帝国官员人选上的影响权利）可能是各个州合乎比例地参与帝国事务这一实质法律规范的一种外在体现（Festgabe für Otto Mayer S.252 f.）。

② a. a. O. 但由于帝国参议院的公开性在如今已经大幅缩水，得出这一结论会面临很大困难。

观点[①]认为，设置调查委员的目的仅在于为帝国议会的决议或者政府监察提供辅助，而考夫曼[②]则认为这种委员会没有存在正当性。此种调查委员会任务有别于提供此种辅助：其任务是“**对历史的审判**”，通过调查委员会的研究工作得出这一审判结论，然后庄重地宣告，其目的在于对外具有正当性、对内平息围绕这一问题的纷争。撇开其原初的“道德责难”意义不谈，这种审判对于外部和内部的安定具有极大的贡献。这完全符合战争废除论对外交和文献的公开性在达成共识上力量的信赖。考夫曼详尽地论证了通过此种或者与之类似的国家程序探明历史真相和做出价值判断是一种不具可能性的幻想，并指明了这种幻想的错误根源。自卡尔·施米特以来，历史本身如何，以及对通过讨论探明公共生活真相可能性信赖的丧失和对已经揭示出的显而易见的真理的整合性力量信赖的丧失，均是人尽皆知的事实。然而，认识到通过委员会完成此种探查工作的不可能性并没有排除调查委员会的合宪性。宪法本身并未将此类委员会的角色局限于帝国议会大会的辅助机构。通过明确地厘清政治争议问题达成政治上的共识，属于宪法一般性整合任务本身，也符合魏玛制宪活动中多数派的思维方式。[③] 特别是在某些政治争议问题如今已在德国政坛中成为达成共识的最为主要的障碍情况下，这一点更为不容置疑。因此，

① Z. B. Anschütz zu Art. 34 der Reichsverfassung und die dort Angezogenen. Unbefriedigend die Begründung der entgegengesetzten Meinung bei W. Lewald, Archiv des öff. Rechts, N. F., 5, 292.

② Untersuchungsausschuß und Staatsgerichtshof, S.22 ff.

③ Vgl. als Beleg analoger Denkweise z.B. Max Adler, Dritte Reichskonferenz der Jungsozialisten(1925), S.12.

在其他宪法机关和成员国职权设定的范围内，此类委员会应该是 142
合乎宪法本意的，至少战争罪责委员会为其合宪性创造了一个极为重要的先例。

*　*　*

最高国家机关法理所当然地主要属于当下讨论的问题领域之中。

最高国家机关的首要任务是其整合性属性，这与中级和基层国家机关的首要技术属性形成了鲜明的对比。因此，与其他各个国家事务领域的部委机关截然有别的是，必须在国家整合的意义关联中理解最高国家机关法。

这种差别一般会在机关捍卫自身职权的法律义务中有所反映。

某一国家事务领域内的各个中下级机关必须行使和不得逾越自身的职权，而就相对于其他机关保障自身事务范围的完整性而言，国家整体必须在各个最高等的国家机关之间的互动中发挥整合作用。因而对于最高级的国家机关应该适用另外一种规则：最高级的国家机关不仅在事实上有赖于沟通与相互协作，[①]而且这也

① 考夫曼的观点大抵如此，见 Kaufmann，Bismarks Erbe，S.58 f.。若不如此，便会导致的灾难性后果，见 Herrfahrdt，Kabinettsbidlung，S.24，52 f. 关于此种互动的重要性，见 Kaufmann a. a. O. S.9。考夫曼认为宪法如何调整此种互动关系，恰恰反映了宪法自身的特色。

143 是它们负担的法律义务。[①] **“最高国家机关之间的关系问题不是法外之地”**，[②]而是一个法律问题。一个极为内行的判断者就帝国议院面对帝国参议院时表现出的毫不妥协的行为指出：**“在帝国最高机关之间存在意见分歧时，应该通过沟通寻求妥协方案，这是《魏玛宪法》精神的内在要求。”**[③]就此还需要补充的一点是，这是一种法律上的规范，而且以这一规范的基础观念为自身根基的不仅仅是《魏玛宪法》。当然，这一规范更为适用于帝国最高国家机关。与成员国的最高国家机关之间的关系有所不同的是，在出现纠纷的情形中，帝国最高国家机关之间的关系问题无法通过国事法院得到解决。而在另外一方面，帝国最高国家机关又永远都不能抗拒——有时是通过各机关之间的博弈做出的——终局性和主权性决断。[④] 以辅助性司法判决替代忠于义务的整合性沟通是否是一种合理的做法，1924 年召开于海德堡和 1926 年召开于科隆的法律人大会在其与之相关的决议中对此未置片语。然而极具特色的一点是，在冲突的情形中，帝国与成员国之间相关必要的共识

---

① 即便完全撇开其历史性契机——革命之后的儿童疾病问题——不谈，当帝国各部委共同的业务章程以一种令人回想起瑙曼所设计的基本权利草案的方式规定了如下国家法上的理所当然的要求(总则，第 58 条)：**“科室、部门和部位必须协力互助。相互合作有益于国家，相悖而行有损于国家。”**这样的规定涉及的绝不是细枝末节的问题(sehr richtig Brecht，Die Geschäftsordnung der Reichsministerien，S.14)。行政法上纯技术性的“尊重其他部门言论的义务”与之有所不同，见 W. Jellinek，Verwaltungsrecht，S.37 f.。

② Herrfahrdt S.25. 雅可比就此仅仅要求以“道德”为基础的“善意”，他的观点因而是不正确的(Jacobi，Vereinigung der Staatsrechtslehrer，Ⅰ 130)。国事法院也将会从法律的层面上要求此种善意。

③ Poetzsch，Deutsche Juristenzeitung 1925，S.1545.

④ Heller，Souveränität，S.113.

往往是通过相互沟通而非通过国事法院的途径达成的。《魏玛宪法》第 19 条未就所有帝国宪法上的争议向国事法院赋予全面的职权，是否是一个宪法制定上的疏漏还是有意的安排，已是无从考证的历史问题，且对于宪法的解释不具意义。关键的地方在于，这个漏洞的确存在，这一漏洞的存在在更高程度上要求最高帝国机关忠于其相互沟通、妥协而达成整合性相互协作的实质的法律义务， 144
而这一义务的意义也因之更为重大。在与帝国参议院的关系中，帝国议院屡屡严重地践踏这一义务，国家法学也因未能充分地提炼出这一法律规范而难辞其咎。倘若第 19 条的漏洞得到了填补，这一义务也不会因而消失。相反，在国事法院这一新的职权领域内的裁判活动中，它将成为此类裁判活动不可或缺的实质法律标准，并因此而为人所发现。与之同时，这一义务也将不再是帝国最高国家机关之间富有整合作用的互动的唯一保障，其意义和程度进而在帝国宪法整体中将会有所削弱。这就意味着，前述两届法律人大会决议的执行将会改变宪法的实质意涵。在上述两届法律人大会上，扩张适用第 19 条的实质法律意义被彻底地忽视了。最起码立宪者应该意识到这一点，如果他们采纳法律人大会决议的话。

这一点并不适用于各种政治力量，宪法应该为其自发性留有余地。例如政党和议会党团在组建执政联盟和内阁方面并不负担什么义务，它们只是在此方面被设定了消极性界限：不得有悖于宪法阻挠整合性进程，例如阻挠策略（Obstruktion）。

*　*　*

当下所讨论问题的一个主要领域为关于议会主义内阁及其组建的法律。在这一点上一再针对《魏玛宪法》抛出的争议问题表明，这个领域的真正观念基础尚未被充分探明。

对学界在这个问题上的讨论状况所作的介绍已有很多。[①] 一
145 方面，人们主张帝国总统决定帝国总理人选的自由、帝国总理或者承担组阁责任者决定部长人选的自由，以及帝国议院全体大会在接受新内阁方面的磋商和决定自由。所有这些意见均以帝国宪法的字面表述和对自由的动议和公众批评的建设性力量的信任为基础。与之针锋相对的则是对上述自由的几种质疑观点。有的质疑观点以所谓某种法律原则为基础，内阁据此原则仅仅是“帝国议院多数派的执行委员会”；有的质疑观点则以“实际情况的内在法律”为基础，也即以结成执政联盟的协议这一政治现实为政治上不可回避的或者正常的出发点。[②] 此外也有人尝试从某种客观的、具有实质内容的标准（例如国家利益）中探寻人们正确地呼吁的“实质的组阁权”，[③]帝国总统决定人选的行为受到这一标准的约束。[④]

所有这些学术观点都在云谲波诡的政治实践前变得灰头土

① Z. B. Herrfahrdt a. a. O. S.9 ff., auch Glum, Die staatsrechtliche Stellung der Reichsregierung, sowie des Rechtskanzlers und des Reichsfinanzministers in der Reichsregierung, bes. S.13 ff., 29 ff., Giese, Deutsche Juristenzeitung, 1927, 278.

② Z. B. E. Kaufmann, Westmark, I 206 ff.

③ Herrfahrdt S.54.

④ Herrfahrdt S.55 ff., auch 41, 47.

脸,即便没有此种于实践中透露出的窘境,它们也是应受批判的。第一种观点以卡尔·施米特对其兴起和覆亡有过精辟论述的意识形态为基础。[①] 由于动摇了在上述三种观点中毫无疑问最具思想性的一种观点的根本基础,他的精神科学式考察展示了直接的实践意义。此外,这种观点也因另一个因素而显得站不住脚。首任帝国总统直至1923年的实践举动与此种观点存在尖锐的冲突,但广大群体的法感(Rechtsgefühl)并未因之受到冒犯。与之相反,怀疑论者持有的执政联盟协议的决定性学说不具备法律上的意义。倘若帝国总统没有遵照帝国议会所提出的组阁建议,而是做出了有悖于该建议的组阁决定,国事法院显然不会因此判定帝国总统违宪。因其核心概念的内在矛盾,海尔法德的观点将会不攻自溃: 146
在政治事务上,不存在不含某种理想的整合作用这一要素的实质客观和超党派性的标准,这就意味着这里是以赢得帝国议院和人民为根本准则的。[②] 换一种表达方法来说:总体而言,议会主义体系是一种功能性整合的体系;就实质政治内容这个角度而言,它是一种相对主义体系,而非一种可"裁决判定"的客观性体系。

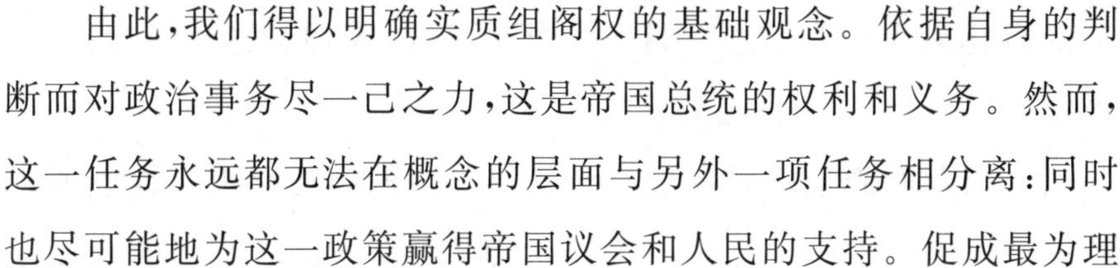

由此,我们得以明确实质组阁权的基础观念。依据自身的判断而对政治事务尽一己之力,这是帝国总统的权利和义务。然而,这一任务永远都无法在概念的层面与另外一项任务相分离:同时也尽可能地为这一政策赢得帝国议会和人民的支持。促成最为理

① Vgl. bes. Geistesgeschichtliche Lage,[2] 6 ff.

② 海尔法德本身也强调重视这一要素的必要性,见 Herrfahrdt,S.31,40 f.,43,48,56。

想的整合作用，这是一种义务。这一状态之达成，到底是通过接受呈送其批准的某种组阁方案，还是（按照宪法的字面意思以及正统民主学说的观点）通过建设性动议与竞争性批评之间的论辩，抑或通过一种带有一定直接民主色彩的组阁行为，完全属于帝国总统的裁量自由。这一自由仅为凝聚内阁、帝国议会和全体国民这一目标竭尽全力的义务所制约。这一义务是帝国总统在国家法上的违法行为可能性的源头。[①] 在另外一方面，帝国议会也应在这一界限内承认帝国总统的裁量自由，且依照宪法的精神表达自身对所有组阁行为的态度。1924 年 6 月，法国的共和国总统因议会拒绝任何一个由其组建的内阁而被迫辞职，法国议会的这种立场是违反宪法的。

147 如果其他途径都行不通，帝国宪法规定的形式程序也许是合宜的。以法国为表率的内阁组织法的规定仅能技术性地描述在法国不可避免而在德国绝非必要的组建政府的途径，而非依照这一领域的宪法上的基础观念对其做出明确的安排。此种规定必须让步于如下基础观念：关键的地方在于一个为帝国议会和人民所信赖且有能力赢得此种信赖的政府。[②] 而且，依据帝国总统合乎义务的自由裁量，达成这一目的最可行的途径即为最合乎宪法的途径。

帝国政府的组织问题也有必要以类似的办法解决。人们通常依据宪法的个别规定计算出委员会制、自治州制以及其他制度在

① Hier Herrfahrdt S.52 ff. m. E. zu weitherzig.

② So etwa Herrfahrdt S.58, Satz 1, Wittmayer, S.341.

这一帝国机关组织上所占的比例。格鲁姆正确地批判了这一做法。[1] 因将议会中组建执政联盟的压力作为解决这一问题的出发点,[2]他本身则以一种极为迂回的方式表达了正确之见。使团结原则成为内阁法基础观念的不是执政联盟的基础,而是以执政联盟的基础为起点且将会持续存在的整合任务。由此可以得出,不应过分刻板地对待帝国总理的权利;[3]理解议会的此项权利,不应拘泥于“**粗糙和僵化的形式**”[4],应以灵活和“**政治睦和**”为基本原则。格鲁姆正确地指出,相较于正式的会议和正式决议,所谓的“部长磋商”更能体现帝国政府的本质属性,只要此种磋商能够持续不断地维系内阁的政治团结,[5]毕竟这一点才是宪法对其所抱 148
期待的核心之处。故此,格鲁姆对“**源于官僚体系精神的**”和有利于财政部长(以及帝国总理)对宪法有所改动的帝国预算法的规定所作的批判[6]极为令人惊诧。这里涉及的完全是节约这一技术性利益,上述特别规范也仅仅服务于这一目标。只要是特别强调节约这一问题,那么这些特别规范的存在便意味着出于一种孤立的实质目的,通过一种不应采用政治性眼光对待的行政管理规定,打破了通常被理解为政治性法律的内阁法格局。通常仅仅服务于内阁内部的团结和与议会融洽关系的内阁法中,被植入了一种异质

---

① a. a. O. S.4.

② S.22.

③ 将总理的大政方针垄断权理解为其在一般性的政策问题上相对于联邦议院的被告资格的基础,这在很大程度上是正确的,见 Glum S.27。

④ Preuß im Verfassungsausschuß, Protokolle S.300.

⑤ S.36.

⑥ S.56.

性成分。一种成分是政治性法，另一种成分则为技术性法，二者分属完全不同的层面。这就意味着作为政治整合法的宪法在根本属性上绝对没有遭到篡改，其基础观念依旧且仍将是政府内部及政府与帝国议会之间持续不断的一致性的达成，无论动议出于何人之手，何种事项成为达成此类一致性的对象，特别是拥有职权的部长的独立性在何种程度上因此受到影响。宪法的个别规定不可凌驾于宪法的这一基础观念；相反，只有依照此种基础观念，它们才能被正确地理解。

*　　*　　*

如果说宪法法律上的独特性主要寓于其最高的、政治性国家机关的特殊组合体系中，[①]那么人们就不可能通过职权清单的罗列和形式地分析各种机关之间的关系把握这一特性。正如各个机关依据宪法的意志而在法律上具有的重要性不是通过其法律行为
149 上的职权而是其宪法上的整合任务所确定的一样，机关的组合也不是范围不一的代理全权的分配，而是参与国家整合体系的不同份额。

只有遵照这一思路，人们才有可能解决解释宪法的一个首要问题，也即确定宪法的组织类型和宪法中特有的国体。

1924 年的两次议会解散之后所展开的围绕着解散权的讨论表明，这些问题绝不仅仅是一般国家学的问题，也往往会成为非常

① Kaufmann，Bismarcks Erbe，S.9.

具体的国家法上个别问题的先决问题。若要解决这些先决问题，最详尽和最富成果的研究[①]必须证明，依照宪法中政治机关的不同组合，议会解散可能具备各种完全互不相同的功能，以及《魏玛宪法》中的简单规定是多种组合可能性中的一种。对于此种研究更为紧要的地方在于，应该用解散在整个宪法性整合体系中具有的不同角色取代“君主式”“部长式”和“总统式”解散之分：作为针对另一种政治机关（更为确切地说是一种较强的或者一种较弱的：君主立宪政体或者议会主义）平衡的解散；作为重建议会本身工作能力和整合能力的解散；作为促成终局性的、基于某种原因而显得必要的“公投”的解散。只有从宪法整体的整合体系特性和为宪法所创设的国体个性化的意义出发，推导出各个制度的特殊的整合功能（例如这里涉及的解散制度），人们才有可能得出这样的宪法解释。

① C. Schmitt, Archiv d. öffentl. Rechts, N. F., 8, 162 ff.

第三章　国家职能法

以本书的前提观念为基础，也可以在国家职能法的领域中推
150 导出多种多样的结论。这些结论极为多样，我们在这里根本无法一一罗列。得出这些结论的途径主要是将各个职能置于国家职能体系的某一特定部分，下面将从这一角度出发，对若干问题略作探讨。

*　*　*

较之主流学说的做法，研究素材的范围有可能产生最为巨大变化的地方在于将法律职能从权力分立体系中分离出来，并将其当作一种自洽和独立的体系。[①] 人们不仅可以依据这种特殊地位认为立法者和法官分别具有自身独特的且与其他“真正意义上的”国家职能存在根本差异[②]的使命性“根本驱动力”，而且其自身职能也具有完全不同的属性，其自身职能是为“法的理念”和“法的形

---

① Vgl. oben S.98 ff.

② So R. Grau, Die Diktaturgewalt des Rechtspräsidenten und der Landesregierungen, S. 97 ff.

式性”所主宰的。[①] 因此，理解关于法律职能的法律，只能以法律生活的意义关联为出发点，而此种生活绝非与真正的国家生活相重合。

*　*　*

第一组从中得出的结论涉及法律创设和法律渊源。

在国家创设的法律内容这一领域中，永远都不可或缺的“实质的”法律概念只能在这一意义关联中得以阐明。这个概念用以表明，在特定的时代中，对于通过国家的立法行为实现客观法的实在化而言，什么是具有根本性和标志性意义的。[②] 因此，这一概念的内容是变动不居的，例如理性主义的：公开性标准；个人主义的：自由和所有权；形式主义的：韩勒尔式的；自由的法的立场下的，等等。

国家性法律的效力前提这一问题领域中的规范冲突法也属于 151
这一意义关联。[③] 真正的国家法的作用在于调整国家性法律创设的形式和参与此种活动的不同国家机关之间的关系。相反，**“帝国法优于州法”**规则将会被误解，倘若人们将其理解为国家法规则，[④]也即将其理解为帝国较之州的优越地位在立法事务上的一

① C. Schmitt, Vereinigung der Staatsrechtslehrer, I 101, auch 96 ff.

② Vgl. oben S.100 f.

③ Richtig v. Marschall S.125.

④ Doehl, Archiv d. öffentl. Rechts, N. F.12, 37 ff. 这个极富洞察力的研究明确地将这一规则区别于**“邦法优于共同法”**对待，且未将这一规则理解为规范冲突的规则，而是国家继承的规则。

种表达。[1] 正如凯尔森精辟指出的那样[2]，这样的解释完全经不起考验：要么基于帝国立法权限有效力的是帝国法，这样的话这个规则完全没有用处；要么帝国没有立法权限，且在此情形中也未通过权限扩展和宪法修改条件之满足创设了这一权限，那么这一规则的意图绝不会是使违法的帝国法具有效力。这个规则其实是一个冲突规范：《北德意志邦联宪法》宣告邦联领域为统一的法律领域，且宣告此法律领域的法是统一的，尽管其身处邦联和成员国二分体系中。在实践中，这一体系的观念统一性正是通过适用这一（当时的交通、经济、法律需求所要求的）规则实现的。对这一规则国家法式的理解使得自 1867 年以来宪法所奠定的这一德意志法秩序的内在特性蜕变为帝国和成员国之间的某种特定的国家法上的
152 关系。众所周知的是，此种理解最为彻底的贯彻必然伴随着将法律与统治意志、[3]效力与强有力的服从保障[4]等同视之的做法。无须强调的是，[5]上述两种理解处于完全不同的层面。与第 13 条上的原则相关的众多问题表明，[6]这两种理解将会导致截然不同的结论。

立法者的权限委托问题也与此相同。相同之处倒不在于这个问题仅仅寓于这一个或者那一个领域，正如第 13 条相关问题所表现的那样。其相同之处在于，人们在论证时必须保持清醒，其论证

① Haenel I 249.

② Allgemiene Staatslehre S.221.

③ Doehl a.a.O. S.39，41.

④ 第 137 页。

⑤ Statt Vieler Triepel，Völkerrecht und Landesrecht，S.156 ff.

⑥ Bei Doehl passim.

到底处于哪一个领域，其论证到底应该以二者中的何者为自身的立足点。[①]

第二类有待讨论的情形来源于法律适用的领域。

法官的审查权问题自然是这里的首要问题。这个问题属于那种所有可能想见的支持论据和反对论据被人反复拾起的问题，故而对此种局面抱有怀疑态度的托马舍弃“逻辑”的领域，进而在“意志”的领域中寻求问题的最终出路。[②] 纵然如此，还是有一点处于晦暗不明的状态：这个问题到底是不是或者在什么程度上是国家法上或者法律功能体系中的问题。其他罗曼国家一般认为这个问题属于国家法上的不同权力的组构问题，而盎格鲁-撒克逊国家并不完全赞同这一立场。在德国形式主义——实际上的国家中心主义——处理方式之下，这个问题原则上属于国家法的问题，[③]也即实际上以国家意志表达的团结一致性在技术和政治上的强化为根 153
本标准。与之相反，如果将其理解为法律功能体系的问题，那么这个问题就变成了权衡形式上的法的安定性和实质上的法的正确性问题。这两种思路没有任何一种是完全错误的，然而，解决这个问

① 珀奇(Poetzsch)在班贝格所作的报告中(Verhandlungen des 32. Deutschenn Juristentages,S.37 ff.)较之特里佩尔(das. S.20 f.,bes.23 ff.)更为清晰地区分了这两类不同的着眼点。

② Archiv d. öffentl. Rechts,N. F.,4,272.

③ Z. B. F. Schack, Die Prüfung der Rechtsmäßigkeit von Gesetz und Verordnung,1918,S.121：鉴于立法作为国家中最高权力的地位，**“法院有权审查……的表述是荒唐的”**。摩尔斯坦·马克思的新作同样持有此见(Morstein Marx,Variationen über die richterliche Zuständigkeit zur Prüfung der Rechtsmäßigkeit des Gesetzes (1927),S.34 ff.,47)。基尔克持有相反看法，见 dagegen z. B.(Gierke in Schmollers Jahrb. 1883,1187)。

题的首要任务是在二者之间何者具有优先性的问题上做出决断。托马的贡献在于，淡化这一问题的宪法色彩，更为强调其司法性和法律政策性的面向。[①] 在由托马界定的领域中，人们仍有充分空间全面地探讨这一问题：从我们的法律生活各种职能的法律上（而非国家法上）的组构精神上和技术特性中，能够为法官的审查权问题推导出何种法学上的（既非形式“逻辑”性的，也非“意志”性的）结论。[②]

例外法庭禁令（《帝国宪法》第 105 条）问题更为理所当然地应属这里讨论的问题。在这个问题上，主流观点通过借鉴这一概念的“自由主义-立宪主义思想”的渊源，[③]为例外法庭概念找出了若干形式标准。[④] 然而，这些形式标准在实际运用中极易失效，人们被迫探寻实质标准，不过人们在此与在平等权那里一样，都倾向于提出消极性的标准：**“非趋势性的、非恣意的”**[⑤]。与第 109 条的一
154 般情形相比较，为这一特殊问题找出积极的尺度——至少就表述而言——是更为容易的事情：法院组织法受制于法的价值这一主宰性原则，此种价值与行政管理价值以及特别是整合价值具有鲜明的区别，而例外法庭是那些其运行和组构的目的为服务于政治

① a. a. O. S.273，275.

② 例如我可能会因此否定戈尔德施密特在法官的合宪性审查和合乎善良风俗的审查之间所作的细致区分（Juristische Wochenschrift 1924），假如由此使得其中一种被视为国家法上的，而另一种则被视为通常的法律渊源或者法律适用问题。

③ E. Kern，Der gesetzliche Richter，1927，S.152.

④ Z. B. Kern，a. a.O. S.231 f.

⑤ Z. B. Kern，S. 342，ebenso wie vor ihm Leibholz，Die Gleichheit vor dem Gesetz，S.197. Ähnlich E. R. Huber，Die Garantie der kirchlichen Vermögensrechte in der Weimarer Verfassung S.7，94.

而非法律价值的法庭。[①]

⁎　⁎　⁎

本书所持有的观点一方面要求在观念中区分法律生活的特殊职能和真正的宪法的政治体系，并从中为这些职能的法推导出各种各样的结论；在另一方面则要求更为突出地强调政治体系这一领域自身特殊的意义。

这对于最为狭义的真正意义上的政治职能而言是理所当然的，尤其是对这一层意义上的“统治”而言。在这一领域中，区分“政治的”和其他的事务，区分中央部委在一方面作为政治机关的行为和另外一方面作为最高级技术性行政管理机关的行为，[②]甚至在“维持与外国的关系”和单纯地在成员国立法权限问题上缔结条约（《帝国宪法》第78条）之间做出区分，可能都需要以本书所提出的“政治”概念[③]为基础。

对于提炼真正意义上的国家法上的制度的法律意涵而言，情况同样如此。例如，亨泽尔对“联邦国家的财政平衡”所作的论述正是因为主要以技术性问题为着眼点而未能道明其特殊的国家法意义。人们甚至可以针对特里佩尔的“联邦监察”提出批评，指责 155

① 参见前文第104页中的例子。

② 参见帝国政府业务章程就此所作的区分，帝国法院于1924年11月14日所作的判决应该也是持有此种观点的（Jur. Wochenschr. 1925，482）。还可参见 Lammers，Jur. Wochenschr. 1924，1479：und die Fälle Kahl-Festschrift Ⅲ 13 ff。

③ 参见前文第167页。

其有意识地弱化或者批判了宪法所欲求的这一法律职能与各成员国的影响权利中与之相对应的成分的特别联系。较之宪法的本意，他将联邦整体处理得过于技术化。与之类似的还有忽视议会法、立法程序规定和业务规章的整合意义的做法。雷德利希(J. Redlich)在其伟大的作品中令人印象深刻地论述过，寓于它们之中恰恰以此种对立方式为基础的对抗机制不仅以获得实质性决定为导向，也以议会中以及主要是在人民整体中的功能性整合作用为导向，相应的理解和解释也应该以这一层意义为出发点。[①] 同属此类的还有议会的预算决议。黑克尔正确地将其界定为整合过程，并将其与施政纲领的提出和批判等同视之。[②] 这一领域的任何法律问题都能表明，原先仅有的"法律"和"行政行为"这一对范畴不足以解决任何问题，例如有悖于政府或者其他机关期待的议会预算决议的约束力问题。只有立足于制度的此种意义，人们才有望得到正确的答案。[③]

*　*　*

最后，正确确定问题所在的关联也是彻底阐明《帝国宪法》第 48 条上独裁权问题的前提。在 1924 年的国家法学者联合会年

---

① 故而将宪法的这一部分归为形式性(也即纯粹的程序性、技术性、没有自身目的的)法的做法是不正确的，见 z.B. bei Thoma a. a. O. S.267，Anm.7。

② Arch. d. öffentl. Rechts，N. F.，12，438 f，443 f.

③ 关于政治性和技术性财政法之间区别的必要的深入认识，见 auch oben S.44 und Anm.3。

会上，人们针对主流学说所作的批判使得这个根本问题受到强烈
的关注。在行使独裁权力的情形中，“**德意志帝国的公共安全和秩
序**”这一价值获得了与在常态宪法生活中具有主宰地位的三种价
值相并立的地位，并且部分地取代了它们。我在前文中[1]已经尝
试将“**德意志帝国的公共安全和秩序**”这个概念[2]界定为整合价值 156
在外部现实中的投射，至少可以认为其为整合价值的一个变种。
常规的职能为独裁“措施”(Maßnahmen)所取代，也即一种技术性
且因此与整合性职能领域中的行为有所区别、亦非通常意义上的
立法或者判决的行为。[3] 与卡尔·施米特的观点有所不同的是[4]，
独裁权的第三个基础是其技术性特性，也即并非终极意义上的整
合性、决定本质的，而是以紧急手段的形式维护外部秩序的属
性。[5] 以这样独裁权特殊的法律属性为基础，我们可以得出其各
项规范的解释，而将独裁权分解为各种形式要素的做法，[6]对于第
48 条本身以及对此条文提及和未提及的基本权利进行烦琐细碎

① 见第 129 页。

② C. Schmitt, Veröffentlichungen der Vereinigung der deutschen Staatsrechtslehrer, I 92. 格奥对独裁的“动机”相对于法官、行政机关和立法者的特殊地位所作的论述难以体现此种国家法上的属性。

③ C. Schmitt a. a. O. I 101, Unabhängigkeit der Richter usw. S.13 f. 提炼出“措施”的此种技术性、行政管理性的属性正是受到卡尔·施米特批判的格奥作品特殊的贡献。

④ 关于这一点请参见前文第 129 页。

⑤ 这恰恰是韩舍尔(Häntzschel, Zeitschr. f. öff. Recht, 5, 218 f.)更多地是采用形式性的方法以及借助例外规则和基于其根据而受到限制的授权这些范畴为独裁权力设定界限的实质意义。

⑥ 例如特别法上的组织和职权指派，见 Nawiasky, Arch. d. öff. Rechts. N. F., 9, 47。

的解释，都面临着形式主义法学缺乏导向的风险。

* * *

此外，只有揭示此种以法律为依据的实质性国家职能的分类，才能为全面解决国家法上的形式滥用（Formenmißbrauch）问题创
157 造前提条件。

就立法职能而言，划定其与其他职能之间的界限，是形式主义国家法学无能为力的：对于立法者是否做出了治安处分、进行了征收和裁判了民事诉讼，此类学说是漠不关心的。与之相反，就这一问题展开的批判[①]则需要从各种职能的实质意义及其相互间关系的角度出发稳妥审视自身的意见。对于独裁权力而言，情况也是如此：主流学说在此问题上虽未拒绝划出界限，但其在这一方面所做的工作仅仅局限于形式建构和字面解释，而非以制度实质的核心观念为出发点。只有后者有能力正确地确定不同国家权力之间的关系。[②]

形式滥用也可能表现为立法权力或者独裁权力并不逾越自身的界限，但却诱使其他国家职能逾越自身的界限。[③] 如不以本书阐发的观念为基础，人们或是根本察觉不到这样的问题，或是对此根本束手无策。

---

① C. Schmitt, Unabhängigkeit der Richter usw., S.10 f., 13 f., 16 ff.

② C. Schmitt, Vereinigung der Staatsrechtslehrer, I 95 ff.

③ 施米特指出的一个例子，见 Schmollers Jahrbuch, 48, 2, S.778。

最后，形式上制定法的约束和其他合法性限制也不足以标明司法和行政这些非独立国家职能的行为边界。尽管法律职能体系内部存在形式上清晰的界分，但本书所提出的实质性职能学说依然能够从中识别出其辩证式的统一性。[①] 只有这种实质性职能学说能够探明立法和司法之间最终的实质性界限，正如考夫曼一度极富成效地所做的那样。[②] 行政机关那里的情况也是如此，只不 158
过与政治权力之间的关系使得情况变得更为复杂，但是基于行政管理职能的非独立性，这个问题的实践意义并不明显。

① 参见前文第 122 页。

② Veröffentlichungen der Vereinigung der deutschen Staatsrechtslehrer, Ⅲ 20 f.: Vorbehalt der „Auswahl der maßgeblichen Gerechtigkeitsprinzipien", und „Schaffung der rechtstechnischen Formen und Normen " für den Gesetzgeber.

第四章　宪法的整合性实质内容
——以基本权利为中心

国家和国家生活也通过一种实质内容变得现实。此种内容为国家设定使命，赋予其内涵和尊严，而且正是以此不断地将国民整合为一个整体。在国家生活中，此种内容本身也不断得到更新和续造。以我们当下已经达到的研究程度为标尺，这里涉及的作为国家现实的一个面向的质的整合问题之前始终没有成为国家理论和宪法理论的研究对象。① 与此不同的是，以这一点为基础，在各个具体方面推导出实在法上结论的做法已经屡见不鲜，尤其是在解释《魏玛宪法》的基本权利方面，不过这些做法大多以法学理论而非国家理论为立论基础。② 在下文中，我着重重述我之前针对这个问题所作的论述。

借助序言、国体规定、国土和国旗，也就是说主要通过符号，此种整合性内容在《魏玛宪法》中获得了开宗明义式的表达。现有对

---

① 参见前文第 57 页及以下，第 134 页及以下。

② E. Kaufmann, Die Gleichheit vor dem Gesetz im Sinne des Art. 109 der Reichsverfassung, Veröffentlichungen der Vereinigung der deutschen Staatsrahtslehrer, Ⅲ 2 ff. Holstein, Elternrecht, Reichsverfassung und Schulverwaltungssystem, Archiv d. öffentl. Rechts, N. F., 12, 187 ff., bes. 199 ff., Smend, Das Recht der freien Meinungsäußerung (Mitbericht), Veröffentlich unsen(wie oben), Ⅳ 44 ff.

宪法这一部分意义的主流解释观点显然与这一情况不相匹配。特别是第 3 条(关于帝国国旗)的规范意义并不局限于课以制定行政规章和(针对商船队而言)行政法规的义务。[①] 虽然主流意见认为国旗被赋予的意义并非仅是装饰性-仪式性的,其的确具有一定的 159
法律意义,但商船旗却较之国旗具有更强的法律意义。[②] 照此而言,共和国保护法在这一层关系上有所更新:不仅自创了国旗的刑法保护,也骤然提升了国旗的法律意义。这肯定是不经之谈!这里暴露的问题症结在于主流法律概念的个人主义式的片面性。此种法律概念只能在直接界分公、私法中各种权利人和义务人的意志领域中看到法律规范,一概忽视任何其他种类的规范意涵。

国旗之确定有着极为明确的意义:面对国内国外,庄严地宣布革除先前的体制、奉行新的"政治理念"[③]。国旗的此种意义也是一种规范性内容。而且,此种规范性内容具有极高的地位,共和国保护法只能为其提供刑法保护,却不能创设这种地位。即便是法学的门外汉也丝毫不会对此有所怀疑。然而,法律人正确地理解国旗以及宪法开端的若干条款绝非易事,因为其他法律部门中根本不存在与之类同的东西。[④]

人们可以回想一下国家庄重地确定一种政治路线、立场、准则——特别是通过第 3 条这种方式——的众所周知的效果:国家

① Anschütz, Kommentar zu Art.3.

② Giese in den älteren Auflagen seiner Ausgabe der Reichsverfassung, noch in der zweiten Auflage der Ausgabe der Preußischen Verfassung(1926)zu Art.1.

③ v. Marschall, Kampf des Rechtes, S:25, Anm.88.

④ 并非任何法规范都有特定的常规结构,霍尔德-菲尔内克对此有极佳的论述,见 Hold-Ferneck, Der Staat als Übermensch, S.33。

由之确定自身的属性，在本质属性的层面固定自身，尽管其尚未由之受到法律上的约束。外交上此类行为的效果是这一方面理想的例子。

此种规范性内容在这里是嵌套在一个国家最高等级的制定法的意义关联中的，且在其中占据了最为显要的位置。这些规范性
160 内容本身显然由此获得了作为这一制定法构成部分的资格，以及民族国家法秩序特别重要的构成部分的地位。此种规范性内容具备此种地位，并非因为其含有各种具体的职权规定、技术性具体规则，也并非因为其属于为各种国家职能划定地域性职权范围的规范（因为其对于领域范围而言不是创设性的规范）。它在这一地位上的真实作用，在于其他层面。首先，此种规范性内容在不同方面明确了一个国家领土上和政治观念上的具体个性。它通过作为国家宪法的引导，表达了宪法的一个特殊性：宪法并非其他制定法那样的针对不确定多数个案的抽象规范，而是一个个案的个别规范。此外，此种规范性内容使这一个别制定法的效力反过来为一种特定的、扼要地表述出的或者主要是被象征化的内容所约束，且受其支撑、从中获得自身的正当性。最后，此种规范性内容作为国家正当性类型的定性也作用于国家生活中。此种规范性内容尤为具备作为解释其法律的精神准则的意图，在这一点上它甚至对于立法者具有约束作用。此种规范性内容设定使德意志人应该且依照宪法的判断最易于统一为一体的标志。质的整合和特别的正当性之间的关系在这里极为明显。一味注重宪法中形式上的机关和职能秩序，故而忽略甚至贬低此种规范性内容的形式主义法学恰恰倒

置了宪法本身所作的孰轻孰重的判断。[①]

*　*　*

那些为国体、国旗规范所象征者,是基本权利在自身领域以 161
表述的方式所欲保障者。然而,主流学说也不认可宪法内容的此种意义。

在基本权利中,至少是在很大一部分经典和传承下来的基本权利中,主流学说仅瞥见向来理所当然的依法行政原则的具体化。[②] 倘若作为这一原则的具体化,那么基本权利就是特别行政法。故此人们细致地研究了其作为先前存在的法律状态的革新性因素的意义。而在此类研究中,所有“**仅仅纲领性的**”、所有无法被解释成毫无疑问的技术性特别法的东西一概被扫地出门。此种研究的结果不啻对立宪者的一种严重谴责:尽管立宪者地位崇高,但其在立法行动的技术性方面的表现显得远比特别法的立法者逊色。其在基本权利中留下的众多不明确之处和困难之处在这里仅能略举一二:基本权利上的自由与特殊的权力和义务关系之间存

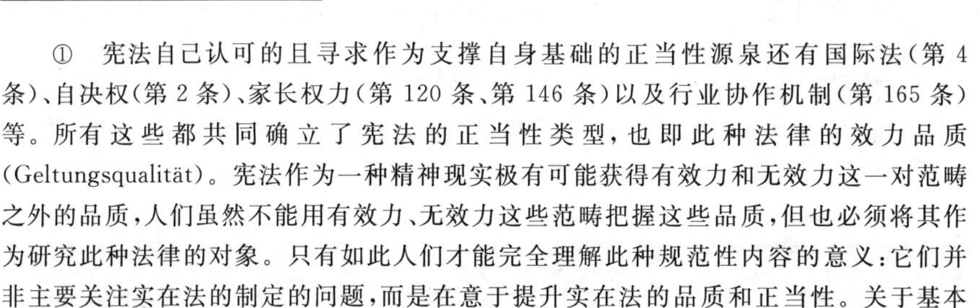

① 宪法自己认可的且寻求作为支撑自身基础的正当性源泉还有国际法(第 4 条)、自决权(第 2 条)、家长权力(第 120 条、第 146 条)以及行业协作机制(第 165 条)等。所有这些都共同确立了宪法的正当性类型,也即此种法律的效力品质(Geltungsqualität)。宪法作为一种精神现实极有可能获得有效力和无效力这一对范畴之外的品质,人们虽然不能用有效力、无效力这些范畴把握这些品质,但也必须将其作为研究此种法律的对象。只有如此人们才能完全理解此种规范性内容的意义:它们并非主要关注实在法的制定的问题,而是在意于提升实在法的品质和正当性。关于基本权利的正当化作用,见后文第 202 页。

② Z. B. Anschütz, Kommentar, 3/4, S.301.

在何种关系？公职人员是否以及在何种程度上可以行使这些自由？

出现这些困难的原因在于，基本权利根本不是行政法、特别的警察法、私法等，而是宪法。这就意味着基本权利绝非技术性特别法的革新，因而不能主要从技术性角度理解基本权利。[①] 基本权利并非从各个技术性立法部门的角度出发调整自身的对象，而是从宪法的角度出发。即便宪法原封不动地引入某一特别法上的规
162 范，它也由此赋予此规范另外一种意义。[②] 故而宪法在一定程度上对技术性问题是漠不关心的，例如对于其具体适用具有根本性意义的技术性且通常只能通过帝国法院的权力主张得以解决的问题：基本权利的效力是直接即刻的还是取决于立法机关的施行性法律？

这一新阐发的——与迄今为止的主流学说截然对立的——基本权利之特别的国家法上的属性要求对其所涉素材进行一种全新的解释，以及对其效力形式进行全新的界定。

基本权利的具体意义不可能是技术性特别法的，原因在于基本权利基本上不考虑它和与其有着同样对象的现行技术性特别法的关系问题。故其恰恰因此在这一层关系上会引发难以计数的疑难问题。基本权利与特别法之间的关系并不明晰，这只是它们之间以及它们与宪法整体之间积极关系的反面。从基本权利的字面表述来看，它们或是以极大的力度突出并奉行某一具体的

---

① 某些更为习惯于严格的技术性立法作品的法学学科的代表人物早已尝试这种做法，见 besonders präzis M. Wolff，Kahl-Festschrift，Ⅳ 6，Anm.2。

② M. Wolff a. a. O.

文化领域，[①]或是在每一个规定的开头都使用“**所有德国人……**”“**任何德国人……**”这样的表述。[②] 基本权利清单实质意义的两重 163
因素由此可以得到毫无疑义的表达：这个清单意欲规定一个具有一定一致性的一系列事项，也即一个价值或者法益的、文化的体系(ein Wert-oder Güter-，ein Kultursystem)。它将这一体系规定为民族国家性的，规定为德国人自身的体系，由此将德意志民族国家的一般价值实在法化。此外，这个清单也同时向所有德意志民族国家的成员赋予一种实质地位。基于这种地位，他们在实质上成为一个国家民族，且无论是在同舟共济的关系上，还是在互相对抗的关系上。这一文化体系和人民整合的双重意义是基本权利的根本导向，基本权利对技术性特别法的漠不关心正是基于此种缘故。[③]

① 例如关于自由权：“**人身自由……**”(第 114 条)、“**任何德国人的住宅……**”(第 115 条)、“**通信秘密……**”(第 117 条)。关于家庭：“**必须保证婚姻作为家庭生活的基础地位……**”(第 119 条)、“**对后代的教育……**”(第 120 条)、“**非婚生子女……**”(第 121 条)、“**青少年……**”(第 122 条)。关于经济：“**经济生活的秩序……**”、“**贸易和营业自由……**”(第 151 条)、“**所有权……**”(第 153 条)、“**继承权**”(第 154 条)、“**土地的分配和使用……**”(第 155 条)、“**劳动者……**”(第 157 条)、“**文化工作……**”(第 158 条)、“**结社自由……**”(第 159 条)、“**独立的中间阶层……**”(第 164 条)、“**劳动者和雇员……**”(第 165 条)，等等。

② 第 109 条及以下。韩舍尔主张(Häntzschel，Zeitschr. f. öffentl. Recht 5，222 ff.)，尽管基本权利条文因为仓促和非专业的编撰工作以及通常是不假思索的继受存在众多缺陷，但严格以文本为中心的解释工作还是能够带来丰富的成果。然而，他在此文中使用此种方法的示例很难令人信服。在国家法学者联合会的大会文集中也有一个他应用此种方法的示例(关于第 118 条第 1 款第一句意义上的“一般性”解释)。考夫曼的论述与我将在下文中所进行的论述极为相近，见 Kaufmann，Veröffentlichungen usw.，Ⅲ 2 ff.。

③ 其相互之间的关系也同样基于这个缘故不是技术性的(宪法本身也不是这样的)，也未共同构成一个民法典或者诉讼法那样的技术性体系。当然，基本权利也有可能具备技术性意义。关于这两种意义的明确区分，参见兰德受普鲁士政府之托就帝国教育法草案所做的鉴定意见，见 Lande，Aktenstück zum Reichsvolksschulgesetz，S.112。

人们不能孤立地理解此种漠不关心，更不能以之作为宪法这一构成部分没有价值的论据。相反，人们必须认识到这只是上述正面功能的负面因素。只有以上述正面功能为出发点，人们才能获得确定其效力形式的正确途径。

在特别法的层面，效力形式是多种多样的。本质性、基本权利的效力却寓于其他的层面，且所有基本权利均一概如此。

在技术性特别法的领域中，基本权利可能是针对立法者的，也可能是针对特定行政机关的，也有可能是针对个人的，但也有可能针对或者不针对上述所有主体。即便基本权利在这一层面上缺乏
164 任何直接的效力，至少也应该将基本权利作为处于由基本权利清单规范性地奠定的文化体系中的特别法的解释规则。[①] 基本权利至少在这一层意义上是“**宪法、立法和行政的准绳**”[②]。

在此种针对技术性特别法的直接或者间接意义的背后还有另一种意义，且此种意义构成了前一种意义的源头。完全撇开所有实在法上的效力不谈，基本权利宣告了一种特定的文化、价值体系，该体系应该承载着由宪法建构的国家生活的意义。[③] 这个体系在国家理论层面意味着质的整合的意图，在法理的层面意味着实在的国家和法秩序的正当性：实在的秩序是基于这一价值

---

① E. Kaufmann a.a.O. S.18.

② Verfassungsentwurf des Vereins Recht und Wirtschaft，Art.51.因此它们部分地属于法律原则，部分地属于法律规则，也完全牵涉到海牙常涉法庭的“一般法律准则”问题（Rabel，Zeitschr. f. ausländisches und internatianles Privatrecht，Ⅰ 17 f.）。需要指出的是，自伦敦会议批准法起，普遍人权已经被纳入德意志立法用语之中，见 RGBL. 1924，Ⅱ 289，§ 3 a，Ziff. C。然而，其在这里的意义是真正的、直接有效的自然法。

③ 考夫曼特别坚定地持有此见。见 Kaufmann a. a.O. S.6，8，16 ff。

体系的名义具有效力和正当性的。作为赋予正当性的体系，基本权利在一定程度上是在宪法序言、第 1 条和第 3 条中扼要标明和象征的体系的权威注解，而这一体系也蕴含了解释基本权利最为重要的基础。可能会存在这样的疑问，第 152 条、第 153 条、第 119 条、第 154 条对于民法意味着什么？但毫无疑义的是，这些条文给《魏玛宪法》的帝国赋予了一种文化体系的正当性，这一文化体系在核心制度方面（契约自由、所有权、婚姻和继承权）坚持奉行迄今为止的市民主义的法秩序（bürgerliche Rechtsordnung），且因此蕴含了市民主义时代最具标志性和最为重要的正当性泉源。第 22 条在选举法问题上对立法者有约束作用，人们在解释这一条文时倘若认为其意义仅止于选举法制定之本身，那么就错误地理解了这一规范。这个条文为宪法赢得 165
了普罗大众革命的民主正当性（尤其是在获得选举资格的年纪和性别平等方面），使其与第三等级的选举权规定和普遍、平等的选举权形成了鲜明的对比。

作为一种源于历史和为历史所决定的整体，此种基本权利体系是真正的精神科学研究的对象。基于三个方面的原因，法学也不能推脱这一研究任务。首先，此体系所赋予的独特正当性是实在法秩序的一种品质，提炼一种实在法秩序的正当性类型和正当化程度是法学的研究任务；其次，这一体系至少蕴含了实在法的解释规则；最后，无论是各个基本权利本身，还是各个基本权利在特别法层面的具体细节问题，都必须被置于基本权利体系的总体精神关联中，只有如此才能正确地理解和适用基本

166 权利。①

这一研究任务之存在，完全不取决于《魏玛宪法》的基本权利

① 我自己在最后一个方面就学术自由进行了一定的探索。莱布霍尔兹(Leibholz，Gleichheit vor dem Gesetz，S.15)正确强调的、安许茨(Gerhard Anschütz)错误否认的基本权利的意义变迁问题也在其列。

现已存在一些践行文中所主张的基本权利解释的例子，上文也对其有所引用。此种解释基本权利的方法与传统解释方法的根本差异在于在三个方面摒弃了形式主义。首先，较之基本权利这种在表述上和意图上均非技术性规范的字面表述，这种解释方法更为强调基本权利的实质意涵。例如，在解释国内授予头衔和勋章的禁令时，不应该以接受外国头衔与勋章的禁令为对立面(其必然是前者的反面)(第109条)，认为接受国内授予头衔和勋章是被许可的(安许茨在这个问题上就持有此种观点)。此项禁令背后的原则是民主平等原则，这一原则不得被国家以任何手段所打破。故而这个原则也禁止任何接受头衔和授勋的行为，无论字面解释的结论如何。其次，此种解释方法并不形式主义地追问牵涉到的法律主体，例如谁是请愿权的主体，谁是请愿权的义务人，以及请愿权有何种法律上的效果(安许茨对于126条的评论：请愿范围不受限制、请愿必须得到主动接受和处理的请求权)，而是致力于探查这一基本权利到底服务于哪一种益(Gut)。就第126条而言，满足公众与国家部门之间畅通的沟通需求远比过往强烈，当代的一些标志性制度正是为了满足此种需求应运而生，例如各个机关中的新闻部门。以这种将如今的请愿权作为宪法上整合手段的解释为基础，我们可以得出两条被安许茨在解释这一基本权利时忽略的实质的法规范：第一，接受请愿的义务成立范围问题。这一义务并非在所有情形中都是存在的。如果显然不存在任何整合效果，以及请愿行动显然是一种愚蠢乃至恶意的举动，这种义务就不存在。第二，请愿权的主体范围问题。与第126条的表述相适应，请愿权的主体仅仅局限于德国人。其原因在于，德意志国家主要由通过持续性的沟通机会达成的其成员的整合性的理解所承载(anders Anschütz a. a. O., richtig Thoma, Verwaltungsrechtliche Abhandlungen, Festgabe zur feier des fünfzigjährigen Bestehens des Preußischen Oberverwaltungsgerichts, S. 198 f. 托马为这个条文中的限制做了辩解)。最后，在解释基本权利时，只依据基本权利传统的意义，而不去探寻其与当下生活秩序和价值情态的整体关系，这是一种不折不扣的形式主义。第109条和第126条为这两种解释方式之间的对立提供了绝佳的例证。

本书对于基本权利所作的解释与拉德布鲁赫的“任何实在法超国家的评价尺度，与自然法的密切联系”的观点(„Der Geist der neuen Volksgemeinschaft“, hrsg. von der Zentrale für Heimatdienst, 1919, S.78)之差别在于，在其正当化和调节性的属性之外，更为强调基本权利的实在性。

在实践中具有何种意义。王朝的覆灭肯定会使此种意义有所提升：只要王朝象征和代表着国家的历史意涵，且赋予国家秩序必要的正当性，那么仅仅挖掘基本权利消极的、限制国家的意义是自然而然的。体制的巨变使得王朝承担上述两项任务需要新的承担者，因而一些替代性因素的意义获得了极大的提升，围绕着国旗的论争的重要意义生动地印证了这一点。[①] 尽管《魏玛宪法》的基本权利中存在若干失误，尽管自国旗条款始，宪法的不少内容与其说富有正当化作用，倒不如说是破坏整合的，这一点也依然不可动摇。 167

围绕着国家的不可知主义和怀疑主义不仅错认了国家的本质，也无法正确理解宪法这一部分的真正意图。[②] 主流学说留下大片无人涉足的研究领域，只有从本书所提出的前提出发，人们才能在这一领域中大有所为。

① 瑙曼极富政治敏锐性，他迅即意识到王朝灭亡的此种后果（Protokoll des Verfassungsausschusses，S.179）。尽管他所提出的宪法草案被人们正确地指责为老旧的，且因此未得采纳，但与马克斯·韦伯和普罗伊斯（H. Preuß）主要是技术性的宪法理论相比，其基础观念更为深刻。

② 犯有此种错误的不仅仅是主流的国家法学，还有卡尔·施米特，见 C. Schmitt，Verhandlungen a.a. O. Ⅰ 91；已经开始沿着正确的方向的有：Grau，Diktatur，S.63 f.，Häntzschel a.a.O.5，220 f.。

第五章　联邦国家法

与之前有所不同的是，在联邦国家法的领域中，主要任务不在于从前文的国家和宪法理论中提炼处理问题的前提条件，而在于将众多学界已有的结论置入前文指出的关联中，并由此强化其依据。

形式主义联邦国家法学的显著特点是将所有法律素材分解为一系列的权利、义务和其他能够回溯至一般私法或者其他种类形式范畴(上下级关系、平级关系等)的法律关系。与此相反，围绕这个问题的新研究方法是尝试将政治考量与形式法学的范畴结合起来。[①] 这其实是对于此种研究方式的一种极不恰当的表达，这种研究方法事实上完全可以主张自己仅是法学的、国家法上的，特别
168 是联邦国家法的研究方法，也即一种将所有相关法律素材理解为对国家生活的一种特定类型，或者一种特别的国家整合种类的规制。例如，比尔芬格所进行的范围广泛的研究从成员国家的立场出发，揭示了宪法对其不断地、功能性地纳入总体国家生活问题持何种态度以及如何调整；此外，还有我的(其适用范围不仅局限于

---

① 例如：Bilfinger, Einfluß der Einzelstaaten, S. 5 ff., allgemeiner Triepel, Staatsrecht und Politik。这些作品使用的结合方式并不均衡，有导致误解的危险。

君主制联邦国家法）关于作为联邦国家和成员国最高法律义务的忠于联邦行为的学说，以及前文关于“俾斯麦宪法”和《魏玛宪法》之特点的观点。[①]

我之前曾如此归结联邦国家式划分的功能：此种国家整合体系在将各成员国当作整合的对象的同时，也将其作为完成整个国家整合任务的手段。因此，国家法在此领域的主要问题在于如何处理各成员国的国家属性[②]，以及如何协调其与联邦国家整体之间的关系。

不同联邦国家的宪法给成员国保留了不同程度的国家属性。我之前就指出过“俾斯麦宪法”和《魏玛宪法》之间的一个主要差别在于国家法正当性源泉的不同定位。在“俾斯麦宪法”中，正当化的源泉在于各个具有历史正当性的国家个体；在《魏玛宪法》中，正当化的源泉则在于整体的民主正当性。《魏玛宪法》在不少方面承认了成员的国家属性，也即其国家整合体系，各成员国也强烈要求在这些方面获得承认，我们在这里仅能对个别方面略作强调。

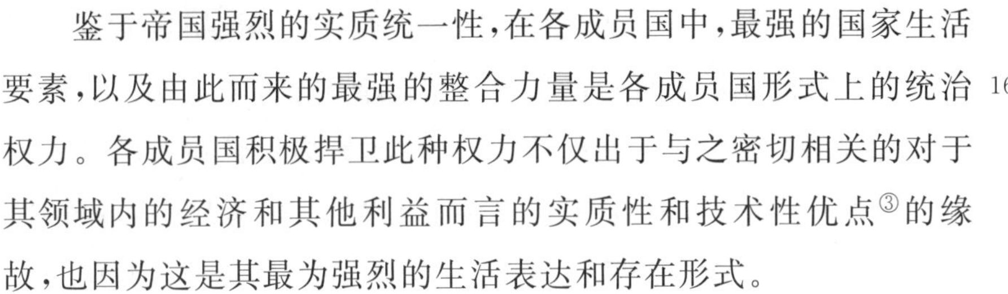

鉴于帝国强烈的实质统一性，在各成员国中，最强的国家生活要素，以及由此而来的最强的整合力量是各成员国形式上的统治 169
权力。各成员国积极捍卫此种权力不仅出于与之密切相关的对于其领域内的经济和其他利益而言的实质性和技术性优点[③]的缘故，也因为这是其最为强烈的生活表达和存在形式。

① 特里佩尔和考夫曼的作品更为强调提炼“俾斯麦宪法”的意义（Triepel, Unitarismus und Föderalismus，Kaufmann，Bismarcks Erbe），但未如同比尔芬格那样，尽可能细致和全面地探查出与此种意义相关、以其为基础的规范性内容。

② 它们是否仍是真正意义上的国家，我在这里不予置评，尽管我自身肯定这一点。

③ 比尔芬格就有此见，见 S.86。

其后是对帝国的影响力，更为确切地说，对帝国施加影响的权利。对于各个成员国而言，通过此种权利捍卫自身的特殊利益并非此种权利的核心优点，尽管这一点也非常重要。众所周知的是，在与帝国的关系中，成员国在很多方面开展的并不是自身的政治活动，而是某种帝国政治活动。这里的关键之处也是形式性要素：此种对帝国权力的分享是对其自身失去的部分国家权力的补偿，而此种分享使其获得了一种更为广阔的政治生活，其在这一广阔的领域中也能实现自身的国家属性。[①] 在这一点上极具典型意义的是于 1919 年参与帝国的宪法生活对于各成员国而言是何其重要，且无论此种参与的具体情状如何。此种终极性意义基础是理解所有——在很大程度上无法表述或者难以表述[②]——具体问题的起点。在各种具体问题上理解联邦国家性平等原则也应该以此为基础。[③]

与之相关的还有各成员国实际参与帝国在各种具体事项上的行动之利益。如果人们认为帝国国防法所规定的成员国武装的意义仅在于保障成员国自身的经济或者其他利益，那么就错误地理
170 解此种规定的意义。关键的地方在于，军事力量存在的本身是一种国家的生活形式，成员国也意图通过参与——特别是帝国国防军中与成员国相对应的军团——帝国国防军维持一种自身国家生

① 依我之见，这也是俾斯麦在北德意志帝国议会组建大会上所发表意见的要旨(27.5.67, H.Kohl，Reden，3，237)：在帝国参议院中，各个政府的主权都能得到毫发无损地体现。见 Gierke in Schmollers Jahrbuch 1883，1169 f.。

② Vgl. Bilfinger S.4，34 ff.，37，Festgabe für O. Mayer S.252.

③ Leibholz，Gleichheit，S.143 ff.

活整合性的生活形式。

*　　*　　*

联邦国家宪法不仅承认成员国为具备一定独立性的整合体系，其更为主要的意图在于建构总体国家本身。宪法试图通过成员国间接地且由此完全地统摄与整合成员国的所有属民，以至于仿佛成员国并不存在：这就是成员国的存续之于帝国整体的根本意义。此外，宪法也寻求整合性地将各成员国纳入帝国整体中：这是在各个具体问题上调整帝国与成员国之间关系规范的主要内容。

因此，拉班德依照宪法的字面意思“合乎逻辑地”将成员国的影响权利解释为成员国可以恣意地、自私地和毫无顾忌地行使的权利（最多受到“爱国主义”“政治”义务等限制）[①]，这是形式主义无可置辩的堕落之举。麦迪逊早已正确地指出，联邦与成员国之间的关系绝对不可被设想为对抗和敌我关系。[②] 承认这样的可能性为法律上的可能性，无异于国家法学的自我归谬。

公司法形式主义的框架对于德意志联邦国家法的核心内容是完全不适用的，赛德尔学说的错误之处与之相比都显得相对较小。帝国与成员国的并行秩序的根本观念催生了忠于联邦的立场这一
“一般性的联邦法规范”[③]。宪法不仅要求帝国和成员国在履行自 171

① Beleg bei Bilfinger，S.49.

② Federalist Nr.46，S.292 der Londoner Ausgabe von 1888.

③ 比尔芬格之语，见 Bilfinger S.55，vgl. S.8，52 f.，57 und passim，Festgabe für O. Mayer S.261。

身的国家法义务时保证形式上的正确性,如出现毫无顾忌地行使形式上享有的权限,可以动用以帝国监察和国事法院为手段的程序性保障,也为其设定了达成统一意见的义务,以及不断寻求和建构满足联邦忠诚原则的关系的义务。因此,帝国在行使帝国权力问题上与成员国进行沟通的做法并不违反宪法的精神,即便沟通的对方可能因此陷入违法的境地,正如巴伐利亚在“霍姆堡协定”中的处境那样。[①] 在很大程度上,帝国之存在在于其通过整合成员国而成,[②]成员国建构了帝国。[③] 成员国在这一点上与地方(Kommunen)明显不同。地方只是国家的辅助设施,国家通过监督机制严格依照固定的法律领导地方。地方绝非国家存在的承载者,国家之存在也不取决于地方。

此种义务性联邦沟通的意义同时也在内容上对沟通有着约束作用:在经过充分的权衡之后,帝国的利益享有优先的地位,各成员国的法律要服从于整体国家的法律观念。[④] 先前[⑤]已经指出的联邦国家法的一个原则也由此得以体现:各成员国的存在最终是从联邦国家那里获得正当化性的。

上述所有这些都是规范性内容。倘若国事法院适用这些内容,其裁判显然能够为冲突情形提供较之拉班德的形式主义更为公允的结果。

---

① Anders Triepel,Zeitschr. f. Politik,14,213 f.

② 在更为宽泛的意义上,与教会“**通过市镇得以建构而成**”一样(Art. 4 der Verfassung der Evangelischen Kirche der altpreußischen Union vom 29.9.1922)。

③ Wilson,Der Staat,S.568.

④ Bilfinger S.20,47 f.

⑤ 见前文第 148 页。

*　　*　　*

据此,国事法院依据《帝国宪法》第 19 条针对此种关系开展裁判活动意义何在问题的答案也呼之欲出。

人们不应该按照我在前文发掘出的一个规则,[①]如此理解《魏 172
玛宪法》对此问题进行的司法化(Judizialisierung):此种事务交由一个法院管辖也会改变实体法的法律关系。实际情形却与之恰恰相反:此种实体法的法律关系反过来对第 19 条形式上的职权具有根本性限制作用。1919 年以来的情况表明,传统的"联盟性的""外交性的"忠于联邦的行为准则根本没有为拉班德彻底的法律形式主义的团体和成员权利及与之相配套的司法救济措施所取代(宪法第 19 条、第 15 条和第 48 条是这一方面唯一的程序性保障),否则第一任联邦总统于 1921 至 1923 年间针对巴伐利亚所开展的沟通政策就成为了一系列的违宪行为。既然如今主导着联邦与成员国关系的依然是联邦善意和忠于联邦的行为原则,那么从中推导而出的沟通义务不仅是一个实体法上的规范,其对主要纠纷解决的形式途径也具有规制作用。在这个问题上,法院的实质功能要么意味着在无关紧要的事务上发挥仲裁作用,要么意味着发出以权力手段为后盾且有引发较大成员国分离运动或者分裂战争之虞的威胁。后一种可能性是一种两败俱伤的终极手段,除了在某些极端的情形中,其与联邦国家的整合体系有着尖锐的矛盾,

① 见前文第 131、178 页及以下。

在我们国家情况就是如此。国事审判制度在这里有着不可逾越的界限，此种界限既不是事实性的，①也不是由主权的根本属性所决定的，②而是为实在法所设立的。由于这一问题所有参与者互相忠诚的关系不可被转化为**“针对他者享有和负担的请求权与义务**
173 **的体系”**③，由于此种关系只能继续为整合性沟通意愿所主导，故而整合而不是权力在此领域中具有优先于法的地位。由此，诸如第 19 条这样关于审理机关的规定只具有技术性意义以及较为次要的等级，而且第 19 条在某些情形中可能会诱发严重的滥用形式问题。

* * *

最后，人们也能在上面的论述中找到为何无法在《魏玛宪法》中找到成员国国家属性问题答案的原因。宪法的联邦国家体系并未规定帝国和成员国本身具备什么样的属性，仅仅规定了其相互间的整合性互动机制。在国家的属性之中可能能够得出这一问题的若干结论，但人们不能主张这是直接从国家根本法中解释出的答案。正如我可以将我的国家概念作为思考的前提，且无须阐述其推导过程，任何宪法也可以悬置那些问题，仅将国家生活作为整合加以调整，直到出现 1922 年那样要求做出一个权威或是官方解答的情况。

---

① So wohl Bilfinger, S.9 f.

② So Heller, Souveränität, S.113.

③ Binder, Philosophie des Rechts, S.464.

第六章　教会宪法

前面的论述只能泛泛指出本书赖以为基础的理论观念能够在哪些方面影响实在国家法的解释。为了就这一问题进行更为详尽一些的说明，而非为了论述教会法这个学科自身的问题，我尝试在教会宪法这一相邻学科中探明此种影响。

前文的论述中，我针对国家法所做的研究工作主要是较之以往更为坚定地将宪法的意义关联整体作为研究所有国家法的具体问题的出发点和基础。由于教会法的研究工作不可避免地具有神
学上的基础，尤其是教会法的研究工作必然会触及不同的基督教 174
教派互相对立的教会观念，这样的做法在教会法的研究工作中早已司空见惯。因此，这里只需要在已有的常见观点和本书所持有的宪法理论上的基本概念之间建立关联。

* * *

与天主教的观念世界建立此种关联无异于缘木求鱼。以不得质疑的统一的价值体系的核心价值为基础，这个教会的等级秩序具有直接从这一核心价值推导出的且对其具有逐级代表结构的社会秩序的绝对牢固性。[①] 这是一种封闭的体系，此种封闭性也作用于其内部的各种关联，例如所有规范种类的无差别性，神法与人法、内在的与外在的规范。这是一种历经早期基督教法到罗马基督教法，从经院教会法、反宗教改革的教会法到梵蒂冈教会(U. Stutz)的变迁依然保留核心要素的古代观念，人也只有通过适应其观念结构才能对其加以把握。

* * *

新教的教会法则与之完全不同。现代化导致的撕裂不仅仅发生在文化体系中，也延伸到教会法的领域中，就这一点而言，新教的教会法是新时代的。尽管法律上的教会与可见和不可见的教会(《奥格斯堡信纲》第 7 条意义上的)已经彻底分离，但其与后两者之间不可避免的关系问题尚未得到妥善解决。即便在法律创设方
175 面具有极大自由度的路德教会，也基于信条和教义的约束而不仅仅只是一种技术性设施。这个教会主要基于信条和教义这些实质内容成为一个统一体，但其在如何协调这些实质内容与其组织秩序方面仍然面临巨大的困难。[②] 经义和信条对确定法律上教会的性质有什么样的影响，这是一个较之以往更为难以解决的问题，协

① Vgl. z.B. Troeltsch, Soziallehren der christlichen Kirchen, S. 211 und oben S. 94, Anm. 6/7, 68. 人们可以将此种宪法类型理解为纯粹的质的整合类型。我们能够从中发现其与社会主义国家和宪法理论中的千禧年主义成分的契合之处，而这种成分恰恰是古代的观念。

② 信条的立法规制问题只是这里涌现出来的众多问题之一。

调此种确定教会性质的方式与其他影响教会性质的因素之间的关系，几乎是一个无解的难题。卡夫坦(Julius Kaftan)对教会一方面作为神的设施和在另一方面作为公法上团体的二元属性的划分是教会宪法史上极为重要的尝试。教会在其中的一个方面通过神职机构组织起来，在其中的另一个方面通过教会的其他机关组织起来。[①] 正如这个尝试绝非最终的解决办法，基于其与教会和宗教的核心价值关系，神职机构在其作为教会的必备要素方面也必然保留了既往教会的若干遗留因素。其他教会宪法上的组织问题均可以归结为这一问题：在《奥格斯堡信纲》第7条划定的功能整合范围内，其他教会性的宪法生活为法律上的教会本身在确定自身本质属性方面还留有多大的空间？同样，在这一空间中区分本质性的和技术性的角色也是极其复杂的。人们可能认为，可以仿效国家那里情形，原则上将教会的行政部门看作一种技术性机关。然而，这个问题在这两个领域中不具可比性。人们也可能认为，可以将宗教议会与国家和地方的代议机关等同视之，且应该重视其日渐提升的政治性和整合性的属性。这同样是一种错误，完全忽视了旧式改革派、如今莱茵地区或者威斯特伐利亚地区的宗教会 176
议与如今普鲁士东部省份的宗教会议的意义差别。最后，人们还可能认为，可以将教会的等级结构与国家-地方结构相类比，或者认为(仿效宪法的规范，主张教会源于市镇的结构)教会中的结构

① Verfassungsdenkschrift des Evangelischen Oberkirchenrats vom 15.9.1921, Bericht über die Verhandlungen der außerdordentlichen Kirchenversammlung zur Feststellung der Verfassung für die evangelische Landeskirche der älteren Provinzen Preußen, Ⅱ 170 f., 174 f.

恰恰与后者相反。这样的观点仍然是错误的。

全面地直面这些问题，且在解答时并不草率地仅凭历史性的权衡，或者主要是基于与国家-地方宪法以及社团法表面上的相似之处，这是新教教会宪法学说的主要任务。就这一任务而言，那种将整合问题及其法律上的解决方法作为唯一研究对象的宪法理论的基本观念肯定能够提供若干助益。[1]

① 我感谢黑克(I. Heckel)提醒我注意到这些问题。

索　引

（索引所涉页码为原书页码，即本书边码）

译后记

从译者首次借阅出版于 1928 年的《宪法与实在宪法》(*Verfassung und Verfassungsrecht*)的德文原版，到此书中文版面世，已届七年。译出不足 200 页的小册子历时如此之久，不仅在于译者的愚钝和疏懒，亦有其他应予交待且在一定程度上有助于理解本书的原因。

一

在很长一段时间内，本书书名的译法问题致使译者怯于译出此书。行将交稿之际，经与丛书主编和本书责任编辑细致商讨，译者才了悟了问题的根源，找到了解决方法。问题根源在于，书名的正确翻译，是以全面准确理解本书的内容为前提的。无论是书名“Verfassung und Verfassungsrecht”本身，还是书名中的“Verfassung”和“Verfassungsrecht”，根本不能传达任何新鲜的信息。与之相比，卡尔·施米特和汉斯·凯尔森主要著作的书名本身就能表达自身特异之处。“Verfassungslehre”(《宪法学说》)中的"Lehre"(学说)有标榜在知识属性方面超越同行的意味;[①]"Reine Rechtslehre"(《纯粹法理论》)不仅通过"Lehre"表达了类似理论雄心,还通过"rein"(纯粹)这个修饰词进一步凸显了自身的特异性:相对于自然法学说和实证主义国家法学的纯而又纯性。申言之,人们可以通过词典义理解后面两部作品的书名,而对于理解斯门德的这部作品的书名,词典义几乎不具有任何意义。词典义之所以失效,全在于斯门德向"Verfassung"和"Verfassungsrecht"这两个词语灌注了新颖的实质意涵。因此之故,斯门德开门见山地指出:"书名不足以点明本书的内容和要旨。"[②]

书名的这一语用特性为翻译提供了方向指引:应以斯门德向词语灌注的实质意涵为判断标准。在斯门德看来,"Verfassung""是国家的法秩序,更确切地说,是国家生活的法秩序……"[③]斯门德在这里仍将"Verfassung"定性为"法",将其翻译为"宪法"才符合其本意。此外,"Verfassungsrecht"中的"recht"明白无疑地标明了"Verfassungsrecht"的法之属性,那么当其与同样作为"法"的"Verfassung"并列时,二者的区别何在,以至于这种用"und"(与)表达的并列关系是有意义的?回答这个问题,需要看斯门德在使

① 在此书面世的时代,德国国家法学主要文献类型是教科书和法律评注,其书名往往大多使用法的部门名称,以之表达仅为某一法律部门的梳理、体系化加工之意。例如:Laband, Das Staatrecht des Deutschen Reiches, Bd. Ⅰ, 5. Aufl., Tübingen 1911; Meyer, Lehrbuch des deutschen Staatsrechts, 8. Auflage, Berlin 2005; Anschütz/Thoma(Hrsg.), Öffentliches Recht der Gegenwart, Tübingen 1929。将书名冠以"学说""理论",在此种命名风尚之中显得极富企图心。

② 见本书第1页。

③ 见本书第98页。

用这两个词语时分别所处的语境。在使用“Verfassung”之时，斯门德意在用精神科学的方法确定“Verfassung”的规范对象和功能定性。正如斯门德自己在前言中所言：“第二部分中的宪法理论论述以精神科学和国家理论为基础，而非以法学理论为基础”①；在使用“Verfassungsrecht”的章节中，斯门德则将相应部分的标题命名为“实在法上的结论”②。据此可以认为，“Verfassung”和“Verfassungsrecht”的根本区别在于实在化（Positivierung），二者的关系则为后者是前者的实在法化，前者是后者的基础和终极评价尺度。因此，将“Verfassung und Verfasssungsrecht”翻译成《宪法与实在宪法》较为符合斯门德的本意。

根据上面的分析，也能排除本书书名的其他译法。为了克服“Verfassung ”和“Verfassungsrecht”的并列关系所带来的困惑，可通过变通处理这两个词的译法克服表面上明显的问题。当这两个词分别出现时，将其译为“宪法”均无明显错误；而当二者并列出现时，翻译则必须表明二者的差异，否则就会出现《宪法与宪法》这样的译名。变通性处理或以“Verfassung”为对象，避开其“宪法”的译法，将其翻译为“宪制”，进而提出《宪制与宪法》的译法；而以“Verfassungsrecht”为变通处理对象的做法则将其翻译为“宪律”，进而提出《宪法与宪律》的译法。也有同时将这两个词都作为变通处理对象的做法，将书名译为《实质宪法与形式宪法》。这些译法均能掩盖翻译本身存在的问题，提出不会令人看上去就生疑的译

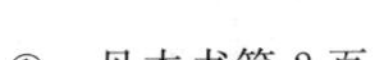

① 见本书第 2 页。

② 见本书第 159 页。

名，但它们均是错误的。将“Verfassungsrecht”翻译成“宪律”的错误最为明显，斯门德在使用这个词时显然指的不仅仅是成文宪法，也包括宪法习惯法。[①] 此种译法属于错译。错误明显程度次之的是《实质宪法与形式宪法》的译法。形式宪法和实质宪法都属于实在法，[②]这个译名最多只翻译了这个书名的一半内容，属于漏译。“宪制”的问题相对隐蔽，但也不难指出。在国家法学的语境中，宪制可能具有两种意义：(1)“制”有规范体系之意，宪制则有宪法规范体系之意；(2)“制”也被理解为一种实然状态，“宪制”则意味着宪法塑造的政治现实。[③] 而在斯门德看来，“Verfassung”是国家生活的法秩序。在这个定义中，“法秩序”是斯门德使用的属概念，这就意味着斯门德是在规范和应然的层面上定义“Verfassung”的，将其理解为实然层面的，显然不符合斯门德的本意；此外，斯门德通过这个定义为“Verfassung”灌注的实质内容仅为宪法的调整对象（国家生活）和功能定性，并无表达规范体系之意，“制”的第一种含义也不符合斯门德的本意。

二

逐渐明了译名困难症结的过程实际上也是一个逐渐理解《宪法与实在宪法》中整合理论（Integrationslehre）及其价值的过程。

---

① 参见本书第 101 页。

② 参见〔美〕罗文斯坦：《现代宪法论》，王锴、姚凤梅译，清华大学出版社 2017 年版，第 99 页。

③ 关于制度（Institution）在德国法学中含义的详尽阐释，参见 Mager, Einrichtungsgarantie, Tübingen 2003, S. 99 ff.。

整合理论在此过程中渐次展现的一系列特点激发了译者译出此书的决心。

首先是其全面性。斯门德在前言中直截了当地指出国家理论、宪法理论和实在国家法学之间密不可分的关系为本书的核心观点，[①]意在以之克服实证主义国家法学（Staatsrechtlicher Positivismus）仅注重法学形式范畴的狭隘性。以基本权利的理解为例，先前的基本权利理论多以国家与社会的二元对立为理论前提，基本权利的作用仅是分隔性的（abgrenzend），其在教义学上的表达为作为防卫权的基本权利。依卢曼之见，此种观念仅将视野局限于个人与国家之间的冲突和对立这种极端情形，忽略了个人与国家之间其他方面关系的内容。[②] 而在整合理论中，基本权利是国家整合的实质意涵，是国民共同认可的将其统一为一体的纽带，是国家的基础和国家行为的指引，它作为一种"文化、价值的体系"必然多方面、多形态地塑造政治和社会生活的面貌，其所涉及的个人与国家之间的关系必然是多方面、多形态和全面性的。据此，联邦德国的宪法实践和宪法教义学顺次发掘出基本权利的各种新生功能：保护义务、辐射作用、制度性保障和透过组织和程序的保障。[③] 而且，以整合理论为基础的基本权利的功能全面性并非各种功能简单地并列和加总，而是以整合目的作为纽带的功能体系：特定历史时空中的国家整合目的能够决定各种功能的存在

① 参见本书第1页。

② Luhmann, Grundrechte als Institution, 2. Aufl., Berlin 1974, S. 42.

③ 参见张翔：《宪法释义学》，法律出版社2013年版，第125页。

样貌和发掘新功能的必要性。[①] 此外，整合理论指引下的宪法解释也被斯门德称为“视宪法为一整体解释之”的方法。此种宪法解释方法并非法解释学中的“体系性解释”，而是要求将作为理念性意义体系的宪法放置于作为个性化价值总体的国家的精神现实中，理解宪法整体及其各部和细节的含义。[②]

其次是其动态性。从整合理论持有的国家概念出发，国家本质上是一种精神现实，其存在和存续有赖于它作为“精神性总体关联”能够得到不断地体现，以及不间断地得以更新和续造，也即有赖于整合过程不间断地发生。以此种国家概念为出发点，认识国家的任务既不是探索理念中的国家图景，亦非梳理国家的历史，更不是探明作为实际存在的国家的本体，而是借助人的整合、功能整合和质的整合这三个经验层面的范畴，一再重新体悟、理解具体历史时空中作为个性化价值整体的国家。对于认识这样的国家而言，运动、变化最具关键性：意义正如何刺激、引导国民之间的政治交往？意义正如何形塑生活？意义正如何化成个人？个体与共同体的意义交往情状如何？国家是不是一个激励人心的意义关联？整合理论关注的这些问题无一不是围绕着意义、个人和生活互动关系的。将宪法设定为这一进程的法秩序，宪法也随之被投入流变不息的国家生活中。因此，宪法必须能够不断地显明国家生活的意义，不断地通过自身包含的各种国家、国民的行为方式更新国

① Vgl. Badura, Staat, Recht und Verfassung in der Integrationslehre-zum Tod von Rudolf Smend (15. Januar 1882- 5. Juli 1975), Der Staat 1977, S. 305(311).

② 参见本书第 168 页。

家生活的意义，也即为保证整合功能的实现，宪法需要不断进行“变动不居的效力续造”[①]。具体到宪法教义学的层面，整合理论更侧重于通过与时俱进的价值权衡持续性表达国家和宪法的价值形态，而非建构宪法学的形式概念体系。而在宪法政策的层面，将特定政治理念和制度设想带入动态国家生活过程中检验，是整合理论判断宪法政策稳妥与否的独特方法。用斯门德的话来说，宪法学需要为此使用动态的“心理分析”(Physiologie)的方法，而非静态的“解剖学”(Anatomie)的方法。[②]

最后是其现实开放性。宪法理解方式的全面、动态性均以对社会现实的观察和吸收能力为前提。整合理论中的三种整合类型事实上设定了国家法学之现实观察的三大主要任务领域：观察质的内容在国家、社会生活中的具体实现样态，各类功能整合发挥作用的具体情况，以及不同政治参与者代表的政治意涵。在这三个领域中，斯门德均有典范性的观察成果。在其《高校与政党》(Hochschule und Parteien)一文中，我们可以看到当时德国高校中各种意识形态的争斗情景，以及不同意识形态阵营中个体具体的政治参与样貌，也即政治团体本身的质的整合和人员整合在当

① 见本书第172页。

② Smend, Staatsrechtliche Abhandlungen, 4. Aufl, Berlin 2010, S. 67. 然而，斯门德的动态思维也是为其招致非难的地方。例如克莱恩就曾经指责“整合理论”促成的国家、宪法观念的动态化是以牺牲法治国理念为代价的(Klein, Die Grundrechte im demokratischen Staat, Stuttgart 1974, S. 29)。在译者看来，这样的批判意见没有认识到整合理论的宪法理论之真正意涵。整合理论的作用在于为证立宪法意涵的变迁提供理论依据，也即整合理论认为主张宪法意义变化者应该为此承担证立责任，而这一点恰恰是以尊重法治国家原则为前提的。

时德国高校的具体情况，以及国家整合由之受到的影响。[①] 其在《新教与民主制》(Protestantismus und Demokratie)一文中，也在民主制这一制度背景中针对德国的新教信徒有类似的观察。[②] 就译者的阅读经验而言，在斯门德及其学派其他人的文本中，人们能够更多地接触德国的政治和社会现实，学习更多新颖的观察、把握政治和社会现实的方法与途径。例如传播学学者惯于认为美国学者拉扎斯菲尔德发表于1940年的《人民的选择》首先指出了“意见领袖”现象的存在，并由此创造了一个重要的传播学概念。其实此种现象在整合理论中早有论述。在论述功能整合的作用必须影响到所有人之时，斯门德已经指出了意见传播过程中的角色和等级分工，其论述人的整合问题时提到的各种人员均可以被看作形形色色的“意见领袖”。

上述三种认识特性使整合理论在德国国家法学背负的时代使命方面较之同类理论作品具有优越性。整合理论产生的时代，德国国家法学面临着社会多元化的挑战。就此问题而言，卡尔·施米特的宪法理论是一种知识返祖现象。其国家为“同质人民的政治共同体”的学说[③]与政治共同体为某种本质观念的外化这一古代观点如出一辙，甚至可以认为其用现代国家理论和宪法理论的语言摹写天主教神权国家。[④] 此种国家观念显然是彻底排斥社会

① Vgl. Smend, Staatsrechtliche Abhandlungen, 4. Aufl. Berlin 2010, S. 277 f.

② 同上。

③ Vgl. Schmitt, Carl, Verfassungslehre, 8. Aufl., Berlin 1993, S. 273.

④ Vgl. Neumann, Theologie als staatsrechtswissenschaftliches Argument-Hans Kelsen und Carl Schmitt, Der Staat 2008, S. 174 f.

多元化的。与之相反,汉斯·凯尔森大力驱逐既往法的概念和国家概念中的意识形态残留,[①]强调议会主义民主国家的价值相对主义的本质特征,[②]指出法秩序是以宪法为顶层的规范的逐级具体化的动态秩序,且认为上级规范对规范内容在下一层级的具体化不具有完全的主宰作用,政治考量在其中也有其影响。[③] 毋庸置疑,这样的观点有助于形成各种政治观念群体可以接受的总体上政治中立的宪法秩序,且为通过各类民主生活程序和法的各种具体化层级克服政治观念的冲突留有余地。这一方案与整合理论有极大的相似性:均是一种过程性思维,均寻求在日常国家生活中具体解决抽象意识形态的冲突。然而,其所强调的法概念的纯粹性阻碍其全面、现实地介入具体现实国家生活,无法像整合理论那样既能够为具体问题提供实质判断依据,又能通过宪法教义学吸纳价值斗争的结果,使宪法本身成为多元社会价值共识的凝结核。[④] 可能也正是基于此种原因,卢曼在基本权利理念基础问题上只讨论自然法学说和斯门德的整合理论,因为只有它们能够在一定程度上满足社会分化的要求。[⑤]

① Kelsen, Allgemeine Staatslehre, Berlin 1966, S. 44 f.; ders., Reine Rechtslehre, 1. Aufl., Wien 1934, S. 1 f., 12 f.

② Kelsen, Von Wesen und Wert der Demokratie, Tübingen 1920, S. 36.

③ Kelsen, Reine Rechtslehre, 1. Aufl., Wien 1934, S. 90.

④ 德莱尔在一篇文章中揭示了凯尔森的法理论与民主理论之间的关联,他对于凯尔森于其中显示的错漏之处的批评以及凯尔森自身的观点修正显然都是趋向斯门德的。参见 Dreier, kelsen„Jurist des Jahrhunderts“, in: Heinrichs, Franzki, Schmalz, Stolleis(Hrsg.), Deutsche Juristen jüdischer Herkunft, München 1993, S. 705 f.。

⑤ Luhmann, Grundrechte als Institution, 2. Aufl., Berlin 1974, S. 38 f.

三

毫无疑问，整合理论是有原创性的国家理论、宪法理论和宪法教义学的结合体，提供了优越的理解宪法的方法，《宪法与实在宪法》是具有经典地位的学术作品。[①] 这些特质既促使译者决心译出此书，也同时给翻译此书制造了困难。翻译经典作品往往并不仅仅是文字转译的过程，同时也是多过程并行发生的总体过程，《宪法与实在宪法》的翻译就同时还蕴含如下过程。

《宪法与实在宪法》的翻译首先是一个回溯整合理论在国家法学的知识脉络中位置的过程。之前在德国占据主导地位的实证主义国家法学的核心学术旨趣在于用“法语句-法律行为”“立法-法的适用”“客观法-主观权利”“规制行为-处分行为”“实质法律-形式法律”“内部领域-外部领域”等形式概念建构国家与个人之间的法律关系，界分二者的意志领域。[②] 此种学术成果较之先前的帝国公法学是一种知识上的进步，因为它不仅提供了现代国家的形式建构，同时也具有观念除魅的作用。例如，围绕着君主的权力地位的不再是君权神授、上帝恩荣之类有神秘主义色彩的古代观念世界的话语，而是外观清晰、内容明确的“关系”“请求权”等现代法

① 关于斯门德作为经典人物及其学说为经典学说的理由，可参见 Morlok/Schindler, Smend als Klassiker: Rudolf Smends Beitrag zu einer modernen Verfassungstheorie, in: Lhotta(Hrsg.), Die Integration des modernen Staates, Baden-Baden 2005, S. 13 ff..

② Vgl. Böckenförde, E.-W., Gesetz und gesetzgebende Gewalt, Berlin 1981, S. 219.

学术语。[①] 在政治共识或者政治妥协不成问题的时代,国家法学的知识仅止步于此并不会造成太大问题;而在丧失政治共识和妥协的时期,这样的知识体系就会弊大于利,因为其对意志领域界分的过分侧重只会加重政治共同体土崩瓦解的趋势。因此,国家法学在观念除魅之外,还需要为聚合为国家寻找新的根基。在这个问题上,耶里内克的作为目的共同体的国家和卡尔·施米特的"决断主义"均是不成功的应对方案。在斯门德看来,目的论的国家观念因其唯一崇尚的效能原则(Leistungsprinzip)不仅会使国家沦为个体的工具从而使国家更深层次地疏离于个人,[②]也会使个人丧失精神性存在的尊严。[③] 卡尔·施米特一味鼓吹"做出真正决断",而对到底是何种决断、怎么做出决断却缄口不言。故而,"决断主义"中既不存在现代宪法国家的理念,也不存在培育、滋养现代宪法国家理念的土壤。[④] 与上述两种替代性方案相比,整合理论较为成功地解决了国家的整合问题。在整合理论中,被理性主义尊为唯一评价标准的目的论因素被降格为质的整合要素之一,历史、国土、文化、宗教等情感性因素同样具备整合要素的地位,通过国家行为所体现的这些质的要素之间的矛盾斗争达成的合题不断给予国民政治体验,也促成了国家共同体观念的不断更新。从

① Vgl. Schlink, Weimar-von der Krise der Theorie zur Theorie der Krise, in: Erbguth/Müller/Neumann(Hrsg.), Rechtstheorie und Rechtsdogmatik im Austausch, Berlin 1999, S. 43(46).

② 本书第 16 页。

③ Smend, Staatsrechtliche Abhandlungen, 4. Aufl., Berlin 2010, S. 501.

④ Vgl. Friedrich, Der Methoden- und Richtungsstreit, AöR 102(1977), S. 161(204ff.).

整合理论在联邦德国的作用来看,[1]此种理论促成了斯门德所向往的宪法成长愿景:“如果此类因素在动态历史的发展中能够始终适应这些条件,那么就会出现这样一种宪法,在此宪法中,正如人们论及英国宪法所说的那样,人民如同生活在一层会自动生长的皮肤下。”[2]

整合理论之于实证主义国家法学的突破性意义在于将政治因素纳入国家法学的考量中,而其文本中包含的政治考量也被斯门德本人视为自身作为国家公民的应尽之责。[3] 因此,理解《宪法与实在宪法》以及其他斯门德作品的过程,也是体察斯门德灌注其中政治意涵的过程。首先,斯门德在《宪法与实在宪法》中就某些问题所作的举例论述实际上也有浇胸中块垒之意。“农民和小资产阶级对于客观法的体验完全取决于其个人拥有的可触摸的、有形态的实实在在的对象。法国人在凡尔赛缔约活动中无时无刻不表现出此种观念”[4],“对《凡尔赛条约》批判的一个疏漏之处在于,人们没有从一个幅员辽阔的民族国家的功能和本性角度出发,仅在技术性能力受到侵害这个角度上反对德国的非军事化”[5],这些文字绝非出于说理之必要写出,其字里行间无一不充斥着对于凡尔赛体系的愤怒以及对法国人的讥讽。其次,《宪法与实在宪法》及

① 关于联邦德国二战后公法领域的发展总体状况的扼要介绍,可参见 Wahl, Herausforderungen und Antworten-Das Öffentliche Recht der letzten fünf Jaherzehente, Berlin 2006。

② 见本书第 140—141 页。

③ Vgl. Friedrich, Rudolf Smend, AöR 112 (1987), S.1(S. 25)

④ 见本书第 78 页注释 2。

⑤ 见本书第 58 页注释 1。

斯门德的其他作品有维护、改善困难重重的《魏玛宪法》秩序之意，绝非像凯尔森所说的那样，其唯一目的就是打击《魏玛宪法》秩序本身。[①] 两个例子可以证明凯尔森所言不实。无论是在《宪法与实在宪法》中，还是在《表达意见的权利》一文中，斯门德均较之当时的实证主义国家法学更为重视国旗、国土和首都等国家象征符号的宪法规范性意涵，对于该宪法符号体系的捍卫毫无疑问地表达了斯门德对于《魏玛宪法》秩序的认同和为之努力奋斗的意志。此外，在托马和卡尔·施米特围绕魏玛的议会主义民主制激辩之时，斯门德采用了一种较之托马可信度更高的方式维护了议会主义民主制。托马认为议会主义具有诸多工具理性优点，而在小党林立、行动能力丧失的魏玛议会实践中，面对着卡尔·施米特针对议会主义所发表的类似死刑判决的观点，[②]这样的辩护显然是苍白的。无论议会在魏玛时代表现得如何，在斯门德看来，议会存在本身就能表达国家的政治观念，议会的各种活动也能给国民提供政治体验的机会，议会民主制单凭这些就有继续存在的价值。[③]这样的辩护意见尽管也是无力的，但不像托马的观点那样明显地与政治现实有着巨大的出入。最后，在斯门德的作品中也有力图力挽狂澜的殚精竭虑。1933 年 1 月 18 日，在柏林大学举办的当时德国人惯于庆贺的第二帝国成立日庆典上，斯门德做出了这样

---

① Kelsen, Der Staat als Integration-eine prinzielle Auseinandersetzung, Wien 1930, S. 91.

② 卡尔·施米特认为议会主义之所以在精神基础已经崩溃的情况下还继续存在，原因在于历史的惯性，只到一种新的制度取代它为之。Vgl. Schmitt, Die geistesgeschichtliche Lage des heutigen Parlamentarismus, 8. Aufl., Berlin 1996, S. 30.

③ 参见本书第 48 页。

的判断："当下，在政治信条的信徒中和大规模政治运动的排他的、宗教式的主张中，国民有沉沦之虞。"[1]此时距希特勒被任命为帝国总理仅剩12天，回置入此种历史语境中，此言既是濒临绝望的阻劝，也是提前奏响魏玛宪制的挽歌。无论所处时代，无论面对何种议题，斯门德言论的政治意涵一概以国家整合为根本标准，故而他所有政治判断具有一以贯之的秉性，其观点的不可动摇性使他生前就获得了政治道德上的尊崇地位。[2]

观点涉及政治，由国民责任感所致，但身为知识分子的斯门德也受到知识领域规范的约束，故而理解《宪法与实在宪法》也是追踪他与时代主流的认识论范式关系的过程。斯门德受知识生产的规范约束，在他对凯尔森某个贡献的承认上就有所表露："自凯尔森浩大的批判性著作问世以来，那种不彻底阐明其方法论前提的研究作品在学界已无立锥之地，这是此种路线对于实质的研究工作而言唯一依然有意义的地方。"[3]《宪法与实在宪法》事实上也是斯门德面对凯尔森的批判为自身寻求认识论和方法论依据的努力。若无实证主义国家法学鲜明的方法论立场，若无凯尔森在认识论层面的尖锐批判，致力于通过小篇幅的文章解决具体问题的斯门德可能不会通过一部专著表达自身的认识论前提和基本理论立场，他必须在严格奉行"应然"与"实然"之间界分的学术气氛中为自己涉及政治的学术观点做出辩护。尽管斯门德只明确指出特

---

① Smend, Staatsrechtliche Abhandlungen, 4. Aufl., Berlin 2010, S. 324.

② Vgl. Stolleis(Hrsg.), Juristen-Ein biographisches Lexikon, München 1995, S. 570.

③ 见本书第9页。

奥多尔·李特的文化哲学是其认识论层面的依据，但他实际上也同时混合吸收了狄尔泰的生活哲学、胡塞尔的现象学以及施普朗格的客观价值规律学说等诸多观念。[①] 以这些观点为基础的认识论立场使斯门德获得了将国家界定为精神现实这一特殊本体的范畴和方法。精神现实是由表达、意义、意向、价值和结构等范畴之间复杂的辩证关系建构出的一种克服了主客体二分、规范和现实二分的现实，基于此种精神现实的本体论特性，研究者与研究对象之间的关系不再可能是价值中立或者价值无涉的，对于现实的观察事实上也包含评价性的因素，正如卢曼所言，“没有未经阐释的现实”[②]。在认识论层面打牢基础，这样的做法可能在热切于政治的人眼中显得迂腐，但惟其如此，知识才可能形成自身的传统，成为具有自身评价尺度的知识体系。

四

在整个翻译的过程中，译者有幸看到一个本身极为卓异的文本，体察了其中蕴含的思维方式之特性，追踪了其在多个维度中的丰富意味。这样的阅读、翻译体验使译者深感喜悦。此种难以言表的喜悦中也包含无以尽陈的感激之情。在本书的翻译过程中，在困难问题的解决上，译者得到多位老师和朋友的帮助，在此特向曾经鼎力支持的师友致以诚挚的谢意。他们分别为：丁玫老师（中

① 在认识论问题上对斯门德详尽的分析，可参见 Mols，Allgemeine Staatslehre oder politische Theorie，Berlin 1965，S. 142 f。

② Luhmann，Grundrechte als Institution，2. Aufl.，Berlin 1974，S. 7.

国政法大学比较法研究院）、徐涤宇老师（中南财经政法大学法学院）、张翔老师（中国人民大学法学院）、王锴老师（北京航空航天大学法学院）、郑磊老师（浙江大学法学院）、马丁·莫洛克教授（Prof. Dr. Martin Morlok，德国杜塞尔多夫大学法学院）、斯特凡·科里奥特教授（Prof. Dr. Stefan Korioth，德国慕尼黑大学法学院）、卡尔-埃博哈特·海因教授（Prof. Dr. Karl-Eberhard Hain，德国科隆大学法学院）、田伟老师（中国人民大学法学院/德国慕尼黑大学法学院）。译文最终得以完成，得益于吴彦老师（华东师范大学）的多种直接帮助，在此也一并感谢。感谢慕尼黑大学于2018年为我提供为期三个月的访学机会，这对我优化译文、进一步获取研究素材提供了极大便利。当然，最应感谢的莫过我妻杨泉女士。本书的译成也得益于她的理解和支持，我们这个小家的整合效果也由此得到强化。

曾韬

2019年2月于武汉

图书在版编目(CIP)数据

宪法与实在宪法/(德)鲁道夫·斯门德著;曾韬译.—北京:商务印书馆,2024
(汉译世界学术名著丛书:120年纪念版:珍藏本:增订本)
ISBN 978-7-100-23754-3

Ⅰ.①宪… Ⅱ.①鲁…②曾… Ⅲ.①宪法—研究 Ⅳ.①D911.04

中国国家版本馆 CIP 数据核字(2024)第 077941 号

汉译世界学术名著丛书
(120 年纪念版·珍藏本·增订本)
宪法与实在宪法
〔德〕鲁道夫·斯门德 著
曾韬 译

商务印书馆出版
(北京王府井大街 36 号 邮政编码 100710)
商务印书馆发行
北京市十月印刷有限公司印刷
ISBN 978-7-100-23754-3

2024 年 5 月第 1 版 开本 710×1000 1/16
2024 年 5 月北京第 1 次印刷 印张 15¼
定价:82.00 元